基于体质健康视角的体育教学优化创新研究

温宇蓉 郭亚琼 著

中国书籍出版社
China Book Press

图书在版编目 (CIP) 数据

基于体质健康视角的体育教学优化创新研究 / 温宇蓉,郭亚琼著. -- 北京：中国书籍出版社, 2021.4
ISBN 978-7-5068-8426-6

Ⅰ.①基… Ⅱ.①温… ②郭… Ⅲ.①体育教学 - 教学研究 Ⅳ.① G807.01

中国版本图书馆 CIP 数据核字（2021）第 066066 号

基于体质健康视角的体育教学优化创新研究

温宇蓉　郭亚琼　著

丛书策划	谭　鹏　武　斌
责任编辑	李　新
责任印制	孙马飞　马　芝
封面设计	东方美迪
出版发行	中国书籍出版社
地　　址	北京市丰台区三路居路 97 号（邮编：100073）
电　　话	（010）52257143（总编室）　（010）52257140（发行部）
电子邮箱	eo@chinabp.com.cn
经　　销	全国新华书店
印　　厂	三河市德贤弘印务有限公司
开　　本	710 毫米 × 1000 毫米　1/16
字　　数	243 千字
印　　张	14.5
版　　次	2022 年 1 月第 1 版
印　　次	2022 年 1 月第 1 次印刷
书　　号	ISBN 978-7-5068-8426-6
定　　价	70.00 元

版权所有　翻印必究

目 录

第一章　当今素质教育背景下的学生体质健康与发展……………… 1
　　第一节　素质教育及对学生体质健康的要求……………… 1
　　第二节　体质健康的相关概念……………… 10
　　第三节　我国学生体质状况分析……………… 15
　　第四节　影响学生体质健康的因素分析……………… 19
　　第五节　促进学生体质健康发展的对策……………… 21

第二章　体质健康视角下体育教学理念的发展……………… 26
　　第一节　"健康第一"教学理念的贯彻……………… 26
　　第二节　"以人为本"教学理念的应用……………… 31
　　第三节　"终身体育"教学理念的实施……………… 39
　　第四节　新时代背景下体育教学理念的发展……………… 46

第三章　体质健康视角下体育教学目标的设置……………… 51
　　第一节　体育教学目标的理论基础……………… 51
　　第二节　体育教学目标的合理编制……………… 58
　　第三节　体育教学目标的优化与发展……………… 65
　　第四节　以体质健康为体育教学目标的探讨……………… 70

第四章　体质健康视角下体育教学内容资源的挖掘与开发………… 75
　　第一节　体育教学内容理论基础……………… 75
　　第二节　体育教学内容的编排与选择……………… 82
　　第三节　体育教学内容资源的开发……………… 87
　　第四节　体育教学内容的发展趋势与对策……………… 92
　　第五节　基于学生体质健康的体育教学内容资源的开发……………… 96

第五章　体质健康视角下体育教学手段与方法的选择……………… 99
　　第一节　体育教学手段与方法的理论基础……………… 99
　　第二节　体育教学手段与方法的选择及应用……………… 106

第三节　当前常见的体育教学手段与方法……………………109
　　第四节　体质健康视角下体育教学手段与方法的优化与发展……117

第六章　体质健康视角下体育教学模式的创新与发展…………124
　　第一节　体育教学模式理论基础……………………………124
　　第二节　当前常见的体育教学模式及应用…………………129
　　第三节　体育教学模式的发展趋势与对策…………………140
　　第四节　促进学生体质发展的"课内外一体化"
　　　　　　教学模式的应用与发展……………………………143
　　第五节　基于学生体质提升的"俱乐部课制"
　　　　　　体育教学模式的发展………………………………146

第七章　体质健康视角下体育教学评价体系的完善……………149
　　第一节　体育教学评价理论基础……………………………149
　　第二节　体育教师教学评价体系……………………………154
　　第三节　学生学习评价体系…………………………………163
　　第四节　体质健康视角下体育教学评价的发展与探索……169

第八章　体质健康视角下体育教学环境的创设与发展…………176
　　第一节　体育教学环境理论基础……………………………176
　　第二节　体育教学环境的塑造………………………………184
　　第三节　体质健康视角下体育教学环境创设的案例分析……192

第九章　体质健康视角下促进学生体能发展的
　　　　课程与方法设计——案例分析…………………………195
　　第一节　田径课程促进学生体能发展的内容与方法………195
　　第二节　健美操课程促进学生体能发展的内容与方法……201
　　第三节　球类运动课程促进学生体能发展的内容与方法…206
　　第四节　瑜伽课程促进学生体能发展的内容与方法………212

参考文献……………………………………………………………221

第一章 当今素质教育背景下的学生体质健康与发展

随着社会的不断发展与进步,社会对青少年学生各项素质提出的要求越来越高,因此素质教育受到了教育部门及各级学校的重视。在各级学校践行素质教育的过程中,学校领导和社会各界普遍重视学生的体质健康问题。但现阶段学生的体质健康情况总体上还不太理想,还存在很多普遍性的健康问题,这就需要学校在素质教育理念下加强对学生体质健康的科学干预,提高学生的体质健康水平,并为素质教育的顺利实施奠定良好的基础。本章主要在素质教育背景下探讨学生的体质健康与发展,首先分析素质教育的基本知识及其对体质健康的要求;其次阐释体质健康的相关概念;再次分析我国学生的体质状况以及影响学生体质健康的主要因素;最后提出促进学生体质健康发展的对策与建议。

第一节 素质教育及对学生体质健康的要求

一、素质教育

(一)素质教育的概念

关于素质教育的概念,学术界有一些不同的观点,下面阐述两个比较有代表性的定义。

第一,素质教育就是以人的身心发展为目的,提高人的独立性、积极性、自主性和创造性等主体性品质,使人在德、智、体、美等方面得到全面发展的活动。

第二,素质教育是指这样一种教育,它利用遗传与环境的积极影响,调动学生认识与实践的主观能动性,促进学生生理与心理、智力与非智力、认知与意向等因素全面而和谐的发展,促进人类文化向学生个体心理品质的内化,从而为学生的进一步发展形成良性循环。[①]

总的来说,很多人认为素质教育是促进学生各方面素质全面提高的教育,是推动学生全方位均衡发展的教育。素质教育的时代性特点很明显,时代不同,培养人才的理念与标准也有一定的区别,所以也就会从不同角度理解素质教育的内涵,从不同视角界定素质教育的概念。可见,素质教育作为一种育人思想和教育模式并不是固定不变的,随着时代的发展与变化,素质教育思想会发生相应的变化,该教育思想在不同时代对学校教育都有着重要的指导意义。

(二)素质教育的特点

素质教育具有以下几个方面的特点。

1. 全面性

素质教育的全面性首先体现在教育对象的范围上,全体学生都是素质教育的对象,可见大众化的素质教育覆盖了极广的范围,是每个学生都享有的权利。针对全体学生实施素质教育,使学生获得的学习和发展机会均等,使学生在自己原有基础上不断发展与进步,这是时代发展和社会进步的要求。

素质教育的全面性还体现在对学生素质培养的内容上,即培养与提升学生的各方面素质,素质教育的这一特征决定了素质教育内容的丰富全面性。只有通过实施素质教育,才能培养全面发展的人才,才能满足社会发展对全面型优秀人才的需求。

2. 主体性

所有的学生都是独立的个体,他们有自己的价值,有自己的主观能动性,应该得到家长、教师和社会的认可与尊重。在素质教育的实施中,教师应该鼓励学生发挥主动性,培养学生的独立自主学习能力,使学生在自主学习中充分发挥主体性。

3. 发展性

素质教育中,教师要善于发现和挖掘学生的潜力,对学生的个性发展予以重视。所有人都需要进步和发展,而且这是没有尽头的奋斗目标,素质教育的发展性要求教师用动态的长远的眼光看待学生,对学生的潜能

---

① 张思萌. 湖北省中小学素质教育发展研究 [D]. 湖北大学,2018.

和创造性给予尊重,并为学生创造便于发挥潜能和创造力的良好条件,使学生抓住每个发展机会,将自己的才能展示给他人。

4. 开放性

素质教育这种教育形式不局限于学校这个特定的教育单位,素质教育的教育内容是多元开放的,所以教学环境与空间也应该是开放的,要在学校教育的基础上进行拓展与延伸,在社会教育与家庭教育中融入素质教育,并建立三位一体(学校、家庭、社会)的教育机制来共同推行素质教育,同时还要利用现代信息技术建立网络在线教育体系,利用互联网推广素质教育,并将显性课程与隐性课程相结合,完善课程体系,使素质教育渗透到各方各面。

(三)素质教育的内容

素质教育是培养学生各方面素质的教育,是促进学生全面发展的教育,所以素质教育的内容应该具有全面性、开放性,为培养与提高学生的综合素质,应在素质教育中重视对下面素质的培养。

1. 身心素质

身心素质包括身体素质和心理素质两个方面的内容。

(1)身体素质

在日常社会活动(如生活、工作、社交等)中表现出来的身体活动能力、精力、体质等都属于身体素质的范畴。人们开展任何一项工作,承受相应的工作强度,都是建立在身体健康这个基础条件之上的,健康体质具体表现为精力充沛、反应灵敏、心肺耐力强等。

对于学生来说,不管是学生阶段的学习,还是将来步入社会从事工作,都要有良好的身体素质,而且体质健康是培养与提升其他素质的基础与前提。学生的身体素质如何,一方面取决于先天遗传特质,另一方面取决于后天环境的影响,我国青少年学生普遍因为忙于学习而忽视了采取有效措施来增强体质,所以造成了体质健康水平低下的普遍问题。学校必须重视培养学生的身体素质,引导学生自觉养成良好的生活习惯,鼓励学生积极参加校运会和校外体育活动,学校也要搞好体育教育,开设有益于促进学生体质健康的体育与健康课程,使学生了解人体的身体结构和身体机能及身体素质的锻炼方法,培养学生自我健康促进的意识与能力,使学生能够运用所学知识与运动技能来增强自身体质,提高身体的柔韧性、灵活性,增强心肺耐力和肌肉力量。学生将来终究要进入社会,良好的体能与健康的体质是学生适应社会环境的基础条件,所以在学校素质教育过程中必须重视对学生健康体质的培养,通过点点滴滴的积累使学生拥有健康的体魄,为其步入社会和提升综合素质打好基础。

(2)心理素质

心理素质是比较稳定的心理特征和心理品质,它直接反映了人的心理发展水平。心理素质的形成与发展受环境的影响很大,尤其是教育环境。在学生的成长过程中,必须重视培养其健康心理素质。学生的心理素质水平直接影响其身体素质、日常学习以及社会适应能力。心理素质还是其他素质发展水平的重要体现,受其他素质的影响,也会影响其他素质的发展。心理素质较好的学生也比较容易提高其他素质。要培养与提高学生的心理素质,就要像培养其他素质一样对其进行教育、辅导及训练。在培养青少年学生心理素质方面,学校的重要性是其他任何培养主体都不可比拟的,所以学校必须扮演好这个培育者的角色,加强心理健康教育,提高学生的心理健康素质水平。

学校面向全体学生开展心理素质教育时,要帮助学生树立健康的积极向上的心态,使学生能够客观全面地评价自己。社会环境对学生心理素质的影响很大,青少年学生的很多心理问题都是因为受社会环境影响而导致的,对此,学校要引导学生对个体社会化过程有一个正确的认识,通过开设心理学课程来给学生传授关于心理健康的知识和培养健康心理的方法,使学生充分认识与了解自己的心理活动规律,了解自己的性格和气质,并主动采取科学手段来提高自己的心理健康水平。对青少年学生来说,学会自我调控心理很重要,学校要在心理健康教育中注重培养这方面的能力,使学生面对挫折时能够通过科学方法来缓解压力,疏导心理,勇敢面对困难和未来未知的挑战,而不是采取极端的或者不妥当的方法去宣泄负面情绪。面向全体学生进行心理健康教育时,还要注意因材施教,根据不同学生的实际情况采取适合学生的心理教育方式,使不同学生通过采用适合自己的方式来调节心理,并更好地认识自己,理解自己,接纳自己,勇于正视自己的不完美,并努力完善自己。

总之,要让青少年学生快速适应学校环境与社会环境,就要培养其健康的身体素质和心理素质。青少年是祖国未来的建设者,是社会主义的接班人,只有身体强健,心态良好,才能以一种健康向上的状态迎接未来,完成国家和民族赋予的重要责任。

2.思想道德素质

通过素质教育培养优秀人才和全面发展的人才,思想道德素质是非常重要的教育内容,优秀人才应该是德才兼备的,而通过思想道德教育可以培养"德"。社会个体只有在思想上有奉献于社会与国家的高度自觉性与积极态度,才能在实践中有所行动。

思想道德素质包括下面两点内容。

(1) 思想政治素质

关于思想政治素质教育,主要从下面两个方面来落实。

第一,"三观"的建立。学生确立世界观,首先理论功底要扎实,因此要先对马克思主义基本理论加以学习。学生树立人生观,要坚持辩证唯物主义理论的科学指导,要科学规划未来的发展道路,确立一个自己通过不懈努力可以达到的奋斗目标,并不断确立新的目标,无止境地前进。最后,通过思想政治教育还要帮助学生建立正确的价值观。

第二,集体主义教育和爱国主义教育。通过集体主义教育,使学生将国家利益、集体利益放在第一位,服从国家利益来调节个人利益。通过爱国主义教育,使学生树立坚定的爱国信念和为祖国与社会做贡献的信念,对国家与社会主义的发展充满信心,并为了国家的美好明天而努力奋斗。

(2) 道德素质

道德素质是素质教育的重要内容之一,道德教育是素质教育的重要组成部分。面向学生进行道德素质教育,其实就是教学生怎么做人,学生要全面发展,要先学会如何做人。从本质上而言,对学生进行道德素质教育,就是要对学生的道德认知、道德情感以及良好道德行为进行培养。学生在日常生活与学习中会表现出自己的道德素养。身处一定社会舆论环境的学生,其道德素质必然会受到环境的影响,在良好的社会环境下,学生受到潜移默化的影响而形成良好的道德素质,具体表现为道德信念高尚,能够约束自己的行为,并在社会实践中采取行动来展现自己的道德品质。

在学校素质教育体系中,思想道德素质是非常重要的教育内容,可以说是灵魂般的存在,在思想道德教育中,要培养学生高尚的思想道德品质,使其拥有坚定的道德信念,学会如何做人,如何明辨是非,如何正确处理矛盾,如何高品质、高质量地学习与生活。此外,在思想道德教育中,培养学生的责任感、奉献精神也很重要。

3. 科学文化素质

在素质教育中,科学文化素质是基础性教育内容,科学文化教育是素质教育的核心。科学文化素质教育包括科学素质教育和文化素质教育。

（1）科学素质

人们在科学文化活动中所表现出来的品质、素养以及智力都属于科学素质的范畴。在素质教育中实施科学素质教育，应该从以下几方面着手。

首先，培养学生的科学精神。随着时代的发展与社会的进步，新时代的学生应该具有良好的科学精神，要学会基于客观实际而探索科学，基于客观事实而不断发现新世界。

其次，培养学生的专业素质。在培养学生专业素质方面，要先把握好一个前提条件，就是让学生掌握好基础知识。现在很多学科都是紧密联系的，所以学生在学习科学文化知识时也要有融合交叉学习的理念与态度，掌握丰富的基础知识和专业知识，并主动探索更多的新知识，在实践中也要培养运用理论知识解决实际问题的能力。

最后，培养学生的科技创新能力。在科技迅猛发展的今天，学生要引领时代潮流，把握社会新动向，就应该有追踪科技发展的敏锐目光、主观能力以及独到见解。学校将含有科技元素的知识融入教学内容中，使学生对科技前沿有清晰的认识，并培养学生的科技素养与创新能力。此外，对于一些基础性的科技讲座活动，学校也应鼓励学生参与，并鼓励学生发表自己的看法与心得，培养学生完成科技实验与设计小发明的能力，促进学生科学素质的提升。

（2）文化素质

人在文化知识、智力方面表现出来的素质就是文化素质，提高文化素质要靠后天努力学习。文化活动、教育活动是培养人文化素质的重要方式，在教育中要遵循创造学、人才学和教育学理论的指导。

培养学生的文化素质，除了单纯的文化素质，还要进行科技素质和艺术素质的培养，比如培养美术素质、音乐素质，培养科技创造素质等。社会生产力的发展和社会主体文化素质的高低有直接的关系，国家和民族的未来发展潜力直接受广大人民群众文化水平的影响。科技的发展使学科交叉越来越明显，因此迫切需要加强文化素质教育，对人们的自然科学素质、社会科学素质、文明素质以及艺术素质进行培养。

在我国素质教育的实施与发展中，文化素质教育既是切入点，又是重要的突破口，这类教育在很大程度上影响学生未来的发展。学校要了解学生的成长规律和人才培养规律，按照科学的规律培养学生的文化素质，提高学生的文化素养，进而对其综合素质能力进行培养。文化素质教育作为素质教育的基础部分，其内涵十分丰富，因此必须从这一基础着手来推进素质教育，使学生掌握丰富的自然科学、人文科学知识，掌握相关艺术知识，使其文化素养提高到新的水平。

第一章　当今素质教育背景下的学生体质健康与发展

在学校素质教育的实施中,应该将文化素质教育和科学素质教育结合起来,推动科学文化教育的落实,将素质教育的核心内容落实到位。学生科学素质的形成是其对自己所掌握的科学知识和建立起来的科学精神、科学思维方式加以内化的结果,学生人文素质的形成是其对自己所掌握的文化知识和建立起来的道德价值观、人文精神加以内化的结果。

在科学文化素质教育的实施中,学校要重视对学生人文素养和科学创新素养的培养,使新时代的学生人文素养高,科学创造力强,从而在未来的社会主义现代化建设中贡献自己的力量,推动社会进步和民族强盛。

4.业务素质

一个人的工作能力是其业务素质的重要体现,业务素质具体表现在人的探索创新精神、创新能力以及智力上。人的活动水平、活动效率直接受其智力素质的影响,智力素质好的人往往能很好地掌握系统、专业的科学知识,而且实践技能也较强。人的活动是否有新意,有创造力,人能否以创新思维和开拓精神来迎接未知事物,都与其创新精神、创新素养有关。

业务素质包括知识技能结构和能力素质两个方面的内容,其中能力是非常重要的,业务能力是一个人综合素质的体现,个体在实践活动中的能力就是其业务能力的重要体现。具体来说,人应该具备的业务能力包括以下几个方面。

(1)一般能力

包括认识事物的能力、适应社会的能力等。首先应该培养学生正确认识和辨认事物的能力以及适应社会的能力,社会的不断进步和发展要求学生通过改变自身来适应社会的发展。

(2)特殊能力

包括从事特定的社会职业活动所必需的专业技术能力,这是大学生最基本的能力,是大学生立足社会的基础,大学生只有具备了专业技术能力,才能胜任特定的岗位。

(3)创造能力

学生的创造能力主要表现为通过努力将自己的能力发挥到最大,并为国家的建设和社会的发展创造更多的物质财富和精神财富。

衡量一个人业务素质的高低时,主要就是看他的能力素质。学校培养的人才只有具备良好的业务素质,才能成为社会主义现代化的建设者。学校在人才培养方面应该顺应时代发展的特征,改变旧的人才培养方式,使学生不仅熟知本专业知识,而且能够很好地结合与本专业相关的一些知识,形成综合性的知识结构,不仅包括人文社会科学领域,还包括自然科学领域。除此之外,在综合性知识结构的基础上注重培养社会实践能力,使学生能够用理论知识来解决实际问题。

(四)素质教育的理论基础

1. 人本主义教育理论

人本主义教育理论产生于 20 世纪 50 年代末 60 年代初,它是西方人本主义心理学的相关研究成果。人本主义教育思想在 20 世纪 80 年代传入我国,由于它强调人的价值和尊严,因此得到了我国教育界的普遍认可。人本主义的教育理念涵盖教育的宗旨、教育的中心、人才培养目标几个方面的内容。

(1)教育的宗旨

人本主义教育理论的教育宗旨为:教育要关照人的成长,促进人的人格完善和自我的实现。人本主义强调人的发展是整体性的发展,它强调教育要注重学生长期、未来的发展,不应只以成绩来评价学生。

(2)教育的中心

人本主义教育强调以学生为中心,教师要创设一种教育氛围来调动学生的主动性和积极性,通过教育使学生充分发挥个性,提升学生分析问题与解决问题的能力。教师在教育过程中应注重引导学生,使学生通过自我能力的锻炼与提升来实现自我价值,充分发挥自己的潜能,看到自己的能力。

(3)人才培养目标

人本主义教育的人才培养目标是培养学生成为自我实现的完整的人,也就是说,通过教育促使学生成为知识和能力都很高的人,教育中不仅要向学生传授知识,还要培养学生学习的能力。社会发展使知识更新日新月异,只有培养学生获取知识的能力,才能使学生适应不断变化的社会环境。[①]

素质教育以学生的全面发展为宗旨,注重学生的个性发展,强调培养学生各方面的能力。素质教育与人本主义教育理论在教育宗旨、人才培养目标、教育中心方面都是相契合的。因此,人本主义教育理论理应作为素质教育的理论基础,促进我国素质教育的实施。

---

① 吴琼.陕西高校素质教育理论与实践研究[D].西安建筑科技大学,2016.

2.马克思主义关于人的全面发展学说

马克思主义关于人的全面发展学说是素质教育的哲学理论基础。实现人的全面发展是马克思、恩格斯对未来理想社会的目标追求。通过概括马克思主义关于人的全面发展学说的内容,可以发现它主要包括三个问题,分别是人的本质是什么、人是如何发展的以及个人全面发展。其中个人全面发展的问题也是最基本的教育问题,马克思对个人全面发展的规定体现在两个方面,一是劳动者的体力和智力的全面发展,既包括体力各个方面的发展,也包括智力各个方面的发展。二是个人充分、自由的发展。人的本质随着社会的发展而改变,它是由社会环境、教育的作用改变的。

马克思所指的人的本性的不断改变也就是个人的发展,个人充分、自由的发展就是个人的全面发展。自由发展是全面发展的前提条件,每个人只有充分发挥个性,提高各方面素质,才能促进全面发展。

马克思主义关于人的全面发展学说还指出了社会实践的作用,人只有通过社会实践才能更充分地发展个人能力。人在解决问题的同时就会培养自身的能力,全面发展自身的能力,它也是人的全面发展的一部分。素质教育就是以马克思主义人的全面发展学说为基本理论,通过后天环境、教育的作用使学生成为一个综合素质高、能力全面发展的人才。[1]

二、素质教育对学生体质健康的要求

当前,学生体质健康问题受到有关部门的高度重视,目前学校针对学生体质健康的问题开始了各种规章制度、管理条例等措施的实施,其目的就是全面了解和掌握学生的体质健康情况,从而针对存在的问题而开展计划来帮助学生提高体质水平。素质教育的目的在于全面培养学生的能力,其中包括获得与维持健康体质的能力,从而使学生在步入社会后能够综合应用自己所学的知识,胜任工作。素质教育是以促进学生身心发展为目的,以提高国民的思想道德、科学文化、劳动技术、身体心理素质为宗旨的基础教育。当前我国的基础教育正在由应试教育向素质教育转变,这一变革推动了学校改革的步伐,扩展了学校体育改革的前景,加强了以人为本、健康第一的教育观念,为推进全面系统的学校体育改革提供了良好的契机。体育教学作为学校体育的重要组成部分,更是不甘落后,大力改革,在众多体育工作者的共同努力下,取得了良好的成果,顺应了时代

---

[1] 吴琼.陕西高校素质教育理论与实践研究[D].西安建筑科技大学,2016.

改革的潮流。

实施素质教育是促进教育目的得以实现的重要途径,实施素质教育是组织教育教学活动的重要依据,是集中体现和反映教育思想和教育观念的载体,因此,实施素质教育居于教育的核心地位。《体育与健康课程标准》是国家教育主管部门制定并颁发的规定学生在体育与健康素养方面所应达到水平的基本文件。它规定体育与健康课程是以身体练习为主要手段,以增进中学生身心健康为主要目的的必修课程,体现了国家对不同年龄段学生在体育与健康知识、身体健康、运动技能、心理健康、社会适应等能力方面的基本要求。为了更好地贯彻体育与健康课程标准,促进学生身心全面发展,我们要以科学的态度和创新的精神探索学校体育与健康课程的实施新途径,将"健康第一"的指导思想渗透到体育与健康课程之中,进而提高学生的健康水平。①

学校体育工作中全面实施素质教育,必须以"健康第一"和"终身体育"为指导思想,制定学生的体质发展目标,建立体育素质教育的目标体系,通过体育教育对学生的思想素质、文化素质、身体素质、心理素质等进行全方位的塑造,面向全体学生区别对待,因材施教,并使课程结构与指导思想相联系,为实现促进学生健康发展的目标提供保障。

第二节 体质健康的相关概念

一、体质的概念与内涵

(一)体质的概念

体质是人体的质量,是基于遗传性和获得性而表现出来的人体形态结构、生理功能和心理因素综合的、相对稳定的特征。②

体质是一个综合性概念,其由多种因素组成,其中包括体格、身体机能、体能、适应能力以及精神状态等一级要素以及生长发育、体型、身体姿态、身体素质等二级要素,如图 1-1 所示。

---

① 李改新.素质教育在高校体育教学中的应用[J].河南科技,2011(12):29.
② 毛亚杰.大学生健康教育[M].北京:北京理工大学出版社,2014.

第一章 当今素质教育背景下的学生体质健康与发展

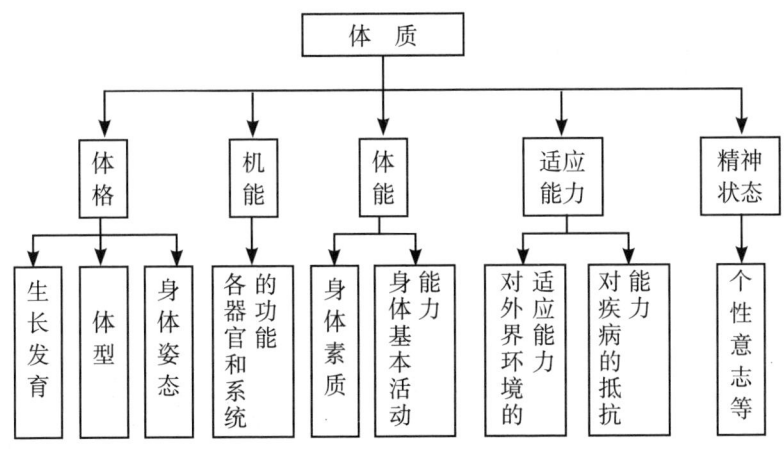

图 1-1[①] **体质的组成要素**

关于"体质"的范畴和内容,除了上图所示的结构,中国体育科学学会体质研究分会也提出了一种观点,即体质包括五个要素,其具体内容见表 1-1。

表 1-1 体质的范畴[②]

体质的五个要素	具体内容
身体发育水平	体型
	体格
	体姿
	身体成分
	营养状况等
身体功能水平	机体新陈代谢
	身体器官效能
	身体系统效能等
运动能力及身体素质水平	基本活动能力(走、跑、跳、投等)
	五大身体素质(力量素质、速度素质、耐力素质、柔韧素质、灵敏素质)
心理发育水平	感知觉发育
	智力发育

---

① 毛亚杰.大学生健康教育[M].北京:北京理工大学出版社,2014.
② 王梅,王晶晶,范超群.体质内涵与健康促进关系研究[J].体育学研究,2018,1(05):23-31.

续表

体质的五个要素	具体内容
	情感发育
	性格发育
	个性发育
	意志发育
	行为发育等
适应能力	适应自然环境
	适应社会环境
	适应紧张生活
	抵抗疾病等

上表中体质的五个要素密切联系，它们相互依存，相互影响，相互制约，同生共存，不可分割。

(二)体质的内涵

体质的内涵具体体现在以下几个方面。

(1)人是一个有机整体，各组成因素相互协调、统一。人的体质综合表现了人各种能力的统一。健康的体质是人们学习、工作、生活的基础。人类的体质水平决定了社会和经济的发展潜能。

(2)遗传因素对人的体质具有重要影响，后天因素也对人体的塑造有重要影响。不同民族、性别、年龄的人体质发展的形式不完全相同，但也存在一些共性与规律性。

(3)人身体与心理的变化与发展密切联系，这也从本质上体现了人与动物的区别。

(4)人的体格发育水平、生理功能强弱主要表现在身体素质、运动能力等外在方面，通过科学合理的锻炼可促进体格发育，改善生理功能。

(5)在人的体质状况评价中应综合考虑各方面的因素。

(6)随着社会的发展、科研的进步及人们思维方式的变化，体质的概念及范畴日臻完善。不同时期的体质概念都是对当时现实的抽象概括，任何一个时期提出的体质概念都不能代表人类对此认识的终结，真理没有穷尽。随着人们认识水平的提高，体质的内涵将越来越丰富、完善。

(7)体质研究系统而复杂，这个过程是没有尽头的，涉及的研究领域

第一章　当今素质教育背景下的学生体质健康与发展

纵横交错,紧密联系。所以,体质研究呈现出"跨越"性趋势和综合性趋势,具体表现为跨区域、跨学科及跨专业。但是,有时也有必要从某一学科和领域着手进行深入研究,以弄清某些课题。但在研究中要与其他科学联系起来,善于将其他领域的研究成果借鉴过来,提高研究效率。

二、健康相关概念

(一)健康

健康是全人类的共同追求,关于健康的含义,不同历史时期有不同的解释,联合国世界卫生组织(WHO)对健康概念的界定相对更权威,得到了全世界的普遍认可。WHO对健康的定义是:"健康不仅指没有疾病或不虚弱,而且使身体上、精神上和社会适应方面的完满状态。"后来健康概念被进一步深化为"躯体健康、心理健康、社会适应良好和道德健康"。

(二)亚健康

"亚健康"指的是临床上存在疲乏无力、精力不振、肌肉酸痛、头晕头痛、心悸胸闷、记忆力下降、睡眠异常、学习困难、烦躁不安、情绪低落、人际关系紧张、社会交往困难等不适症状,通过运用现代仪器或方法检测却未发现阳性指标,或者虽有部分指标的改变,但尚未达到现代医学疾病的诊断标准的状态。[1]

亚健康既不是健康,也不是疾病,而是处于二者之间的一种状态。亚健康的人在某段时间内会出现活力下降、功能和适应能力减退等症状,但从现代医学角度来看,这些症状不属于疾病症状。

亚健康症状表现在躯体、心理、道德、社会适应等方面,从这一角度出发可以将亚健康划分为四种类型,见表1-2。

表1-2　亚健康的分类[2]

亚健康的分类	
躯体亚健康	睡眠失调性亚健康
	疲劳性亚健康
	疼痛性亚健康

---

[1] 刘星亮.体质健康概论[M].北京:中国地质大学出版社,2010.
[2] 刘星亮.体质健康概论[M].北京:中国地质大学出版社,2010.

续表

亚健康的分类	
	其他症状性亚健康
心理亚健康	记忆力下降性亚健康
	焦虑性亚健康
	恐惧或嫉妒性亚健康
	抑郁性亚健康
社会交往亚健康	青少年社会交往亚健康
	成年社会交往亚健康
	老年社会交往亚健康
道德亚健康	—

（三）完全健康

有学者在健康的基础上提出了完全健康的新概念，"完全健康"指的是身体、心理、社会的各层面之间保持相对平衡和良好状态。后来随着社会的发展和认识水平的提高，又有学者指出"完全健康"指的是同时满足躯体健康、心理健康、社会适应良好和道德健康的条件的全面健康。

David J. Anspaough 等人指出，"完全健康"囊括了健康的概念及与之相关的基本内涵，如图 1-2 所示。

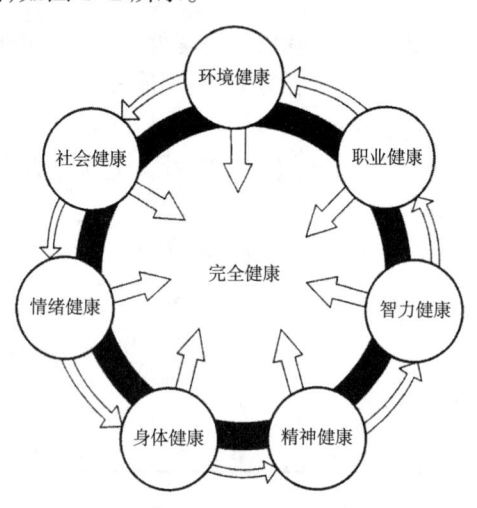

图 1-2[①]　完全健康的组成要素

---

① 吴旭光.体育·健康促进·安全[M].北京：地震出版社，2007.

"完全健康"与传统健康存在以下区别。

（1）"完全健康"新理念强调健康体系的结构要素相互之间密切联系，追求各个要素之间的平衡发展。

假如健康是拥有5个气仓的圆形车轮,如果每个气仓都充足了气,才算是完全健康(图1-3),此时各要素是平衡发展的。一旦有一个气仓没有充满气,车轮就会变形,无法正常运行,此时健康的价值就会大打折扣（图1-4）。

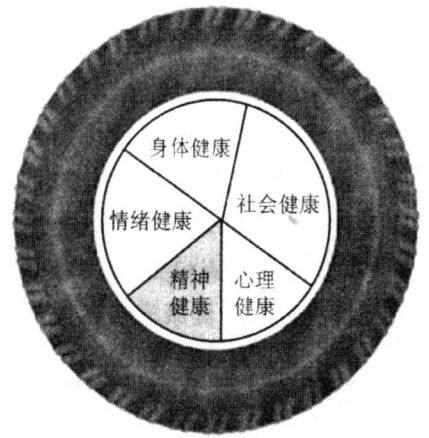 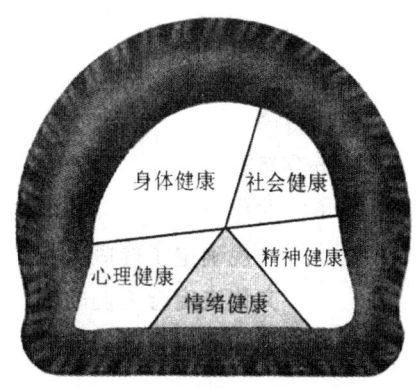

图 1-3[①] 完全健康形态　　　　图 1-4 非完全健康形态

（2）"完全健康"强调健康的实践性,人并不是天生就是"完全健康"的,且健康状态是不断变化的,因此必须在生存与生活实践中严格监测个体的健康情况,分析健康问题,然后采取有效措施进行干预,从而获得最佳健康状态。

"完全健康"新理念指导我们深入认识与理解健康的概念与内涵,指导健康科学研究工作的开展,同时激励人们追求全面健康。

第三节　我国学生体质状况分析

我国不同地区学生的体质状况有所差异,本节主要以高校大学生为对象进行分析。代函芷、许水生通过对我国高校大学生体质健康调查的相关文献资料进行查阅,在《我国高校学生体质健康现状分析》一文中总

---

① 吴旭光.体育·健康促进·安全[M].北京：地震出版社,2007.

结与分析了不同地区大学生的体质状况,下面具体说明这两位学者的总结与分析结果。①

一、东北地区学生体质状况分析

作者通过查阅关于东北地区高校大学生体质状况调查的文献资料,对东北地区大学生体质状况的总结与分析如下。

黑龙江省大学生的体测成绩达标情况良好,女生的体质测试成绩整体比男生好,体质水平比男生高。体重上男生稍有上升趋势,女生有轻微的下降趋势;肺活量上男生女生都有所提高;力量素质上男生的上肢力量比较欠缺,而女生的爆发力较差。

辽宁省高校学生的体质测试成绩达标率高,主要存在的问题是男生肥胖、女生偏瘦;肺活量水平有待提高;肢体力量较弱,女生腹部肌肉力量较差;城乡学生的体质水平有差异,总体上农村学生体质较强。

吉林省高校大学生的身高都有上升趋势,体重的增长趋势也比较明显,部分男生存在肥胖问题;肺活量上男生和女生的情况都不容乐观,男生下降得更多;力量和耐力上男生明显比女生下降得快,女生下肢缺乏良好的爆发力。

二、西北地区学生体质状况分析

作者通过查阅关于西北地区高校大学生体质状况调查的文献资料,对西北地区大学生体质状况的总结与分析如下。

陕西大学生体质测试成绩整体不容乐观,不仅没有可观的优秀率,而且合格率也较之前降低了;从身体形态来看,选取指标的测试结果基本合格,平均身高比全国大学生平均身高要高,但有较多的学生存在肥胖问题;从身体机能来看,选取指标的测试成绩较以往有所下降;从身体素质来看,不管是力量、爆发力、柔韧、耐力还是速度,都有不同程度的下降。

宁夏部分高校大学生在身体形态上身高、体重指标的测试成绩明显上升;身体机能方面肺活量测试成绩不及以往;身体素质方面,耐力水平明显下降,速度也降低了,柔韧指标的测试成绩存在性别差异和年级差异,低年级学生柔韧性更好,女生柔韧性比男生好。

西北师范大学学生的体质水平整体下滑,身体机能方面测试成绩的

---

① 代函芷,许水生.我国高校学生体质健康现状分析[J].文体用品与科技,2020(16):63-64.

第一章　当今素质教育背景下的学生体质健康与发展

合格率低,身体素质水平比全国大学生身体素质的平均水平低。

三、华北地区学生体质状况分析

作者通过查阅关于华北地区高校大学生体质状况调查的文献资料,对华北地区大学生体质状况的总结与分析如下。

华北地区大学生体质状况存在明显的地区差异,一线城市大学生的体质水平高于二线城市,北京市大学生的体质状况明显比其他地区大学生的体质状况好。

北京市部分高校大学生的体质测试成绩合格率、优秀率都比较高,但是也存在一些体质健康问题,如耐力较差,较多学生存在肥胖现象,心血管系统功能较差等。

天津市大学生的体质测试结果表明,大学生身体发育整体较好,身体形态方面,身高、体重增长明显,尤其是乡村女生,但也有部分学生存在超重和肥胖问题;从身体机能来看,大学生的肺活量水平较以往下降;从身体素质来看,大学生的爆发力、速度水平有所增强,但耐力水平一直较差,上肢力量也有待提升。

四、华东地区学生体质状况分析

作者通过查阅关于华东地区高校大学生体质状况调查的文献资料,对华东地区大学生体质状况的总结与分析如下。

山东省高校大学生的身体形态情况总体较好,身体机能上,女生心肺功能比男生好;身体素质上,男生和女生上下肢力量、柔韧性普遍较好,耐力水平普遍较低,男生的速度和灵敏性比女生好。

江苏省高校大学生的体质情况总的来说是良好的,女生的体质整体上更好一些。从身体形态来看,男生肥胖率高一些,女生存在偏瘦的问题;从身体机能来看,大学生的肺活量指数有比较明显的下降趋势;从身体素质来看,随着年龄的增加,大学生的体能指标下降趋势明显,但握力和立定跳远的测试成绩还比较令人满意。

福建高校大学生的身体形态指标和全国平均水平较为接近,但体重指数正常学生的比例较少,主要问题是男生肥胖、女生偏瘦。从身体机能来看,福建大学生的肺活量水平不及全国大学生肺活量平均水平。

五、中南地区学生体质状况分析

作者通过查阅关于中南地区高校大学生体质状况调查的文献资料，对中南地区大学生体质状况的总结与分析如下。

河南省部分高校大学生体质水平整体良好，身体形态水平、身体机能水平都比较高，但身体素质方面除了柔韧水平较高外，其他指标的成绩都不乐观。

江西省高校大学生身体形态水平总体有上升趋势，身高、体重、围度的发展都趋于匀称，但和全国平均水平相比还是比较低；而身体机能、身体素质的总体水平优于全国平均水平，可是身体素质指标和以往相比下降较明显。

湖南省部分高校大学生的身体机能指标和身体素质指标的测试成绩有所下降，而且近几年几乎持续下降。

武汉高校大学生中低年级学生的身体形态发展匀称，身体形态指标比高年级学生较好，但低年级学生的心肺功能不及高年级学生，而且各项身体素质发展不均衡，运动能力总体上有待稳定与提升。

六、西南地区学生体质状况分析

作者通过查阅关于西南地区高校大学生体质状况调查的文献资料，对西南地区大学生体质状况的总结与分析如下。

我国大学生体质健康情况有南北地区差异，北方地区学生的体质总体较好一些，南方大学生的体质水平总体不及北方大学生。

四川省高校大学生身体形态水平和全国大学生平均水平相比较差，身高、体重发展不匀称，但女生发育较好一些，而男生整体比较瘦弱；从身体机能来看，男生肺活量水平较好，女生肺活量水平和全国平均水平相比还稍有差距。而不管是男生还是女生，心血管系统的调节功能都比较差；从身体素质来看，男生上肢力量、女生腰腹力量都比较好，耐力指标成绩合格率较高。

总体来看，我国大学生的体质健康状况存在地区差异和性别差异，不同地区的地理环境、经济水平、文化习俗、人口分布等都会影响当地学生的体质情况。男生和女生因为生理结构和身心发展特点的不同，体质上也有一定的差异。近年来，我国大学生的体质健康状况受到了很大的重视，一些客观存在的普遍性健康问题如近视、肥胖、力量素质下降、肺活量水平不高等成为高校教育工作者担忧的事情,解决这些问题,需要先了解是什么因素造成了这些问题的出现,然后对症下药,提高解决问题的效率和效果,促进高校大学生体质健康水平的提升。

第四节　影响学生体质健康的因素分析

影响我国青少年学生体质健康的因素主要包括学校、家庭、社会和学生个人。下面逐一分析这些影响因素。

一、学校因素

作为教育的主要单位,学校要做好体育教育、体育宣传和体育文化传播工作,组织学生科学锻炼,增强学生的体质。但是现在即使我国强调素质教育理念,而应试教育的影响依然存在,受升学率所迫,学校的教育思想和教育实践明显存在重文化教育、轻体育教育的问题,学校体育不受重视,体育促进青少年学生体质健康和全面发展的作用得不到发挥,学生的健康受到了威胁。一些中学不面向初三和高三学生进行体育教育,取消了这两个年级的体育课,虽然教学计划中安排了体育课,但也是形式上的安排,事实上体育课被文化课占领,强制学生在体育课上学习文化课程,学生的体育锻炼时间得不到保障,难以养成良好的运动习惯。高校学生虽然没有了高考压力,但是高年级学生有考研压力和就业压力,依然没有时间锻炼,而低年级学生如果是非体育专业,一般只是上公共体育课,但公共体育课对学生的要求不严格,管理也比较松散,甚至都不是每周都能保证上够课时,所以学生还是缺乏锻炼,影响了身心健康。

二、家庭因素

随着时代的进步和社会生产力水平的不断提高,人们的生活条件明显改善,生活水平显著提高,而且现在很多青少年学生都是父母唯一的孩子,家长对孩子的生活、学习都是无微不至地关心与照顾,努力让孩子过上衣食无忧的生活,不舍得让孩子做家务,也不放心孩子去参加一些可能会受伤的体育运动,因为家长的全面照顾甚至是溺爱使得现在的青少年学生普遍没有自主生活能力,缺乏独立性,在户外活动的时间也很少,这对学生的健康成长是不利的。此外,在传统教育思想和高考制度的影响下,家长反复强调让孩子把时间用在学习上,甚至周末和放学也要上补习班,孩子没有了自由活动时间,也就没有了锻炼时间,时间久了,锻炼意识就会减弱,身体活动能力也会下降,再加上长期的学业负担,学生的身心健康令人担忧。

三、社会因素

一直以来,体育在学校教育尤其是中小学教育中的地位就像是边缘学科,受重视程度较低,因而国家关于体育教育的政策也较少,而且已有政策落实也不到位。此外,社会选拔和评价人才,也是看重评价对象所取得的成绩和成果,这些是考核的重要指标,而体质水平、体育素养等指标受重视程度远远不够,即使国家出台了相关政策来推动学校体育教育,培养体育人才,但学生的体质健康问题还是没有得到普遍性的解决。

另外,虽然我国近年来一直在推进全民健身计划的实施,但是整体上社会体育锻炼氛围还不够浓厚,社会各个群体中都有一定数量的人体重超标,身体肥胖,而且我国肥胖率也有上升趋向,社会环境对青少年学生的体育锻炼造成了影响,进而使学生的身体健康受到了影响。

四、学生自身因素

现阶段青少年学生面临的升学压力很大,每天的课程排得很满,课后作业非常多,而且还要经历题海大战,学习强度之大令人吃惊。几乎把所有时间、精力投入到文化学习中的学生基本没有锻炼的时间,甚至连仅有的锻炼机会——体育课时间也被占用了,久坐学习而缺乏锻炼的学生出现了近视、驼背、体型不匀称、身体素质差等体质健康问题。另外,一些生活条件优越的青少年学生缺乏独立自主性和韧性,参加体育运动也不能长期坚持下去,有的遇到一点挫折就放弃了锻炼,影响了锻炼效果的积累。而且有些学生挑食、偏食现象严重,营养不均衡导致了健康问题的出现。

第五节 促进学生体质健康发展的对策

一、严抓体质测试工作

要促进学生体质健康发展,就要严格规范各级教育阶段对学生的体质测试,抓好这项工作,提高体质测试工作的运作效率,并基于测试结果而进行健康管理和健康干预体系的构建与完善。具体来说,要搞好体质测试工作,需要从以下几方面努力。

首先,对体质测试时间进行科学规划,集中开展体质测试工作,使学生积极参与和配合。

其次,在学生期末测评和升学考核中,在测评与考评标准体系中将体测成绩纳入其中,从制度层面来进一步规范学校体质测试工作的开展。

再次,学校体育工作者重视对学生的体质健康管理,在相关方针政策的指导下有序开展体质测试工作,落实《国家学生体质健康标准》中的有关规定与要求,提高体质测试的科学性、严谨性。并通过学生的体质测试结果来分析学生的健康状况,提出科学有效的干预方案,开展丰富多彩的体育活动,从而培养学生的体育锻炼能力和体质健康素养。

最后,体质测试工作者严格按照要求对学生进行测试,保证测试过程公开、公平,测试数据真实可靠,不允许弄虚作假,严格处理替考、弃考等现象。

二、构建一体化健康教育机制

建立学校、家庭和社会等多方主体共同参与的统一化健康教育机制,确保多方行为主体形成合力,形成理想的体质健康教育格局。具体来讲,要做好以下几项工作。

(一)推进学校健康促进

学校健康促进体系是一个比较完整的体系,涉及学校、家庭、社区等多个方面,而且学校健康促进、家庭健康促进、社区健康促进是密切联系的,如图1-5所示。

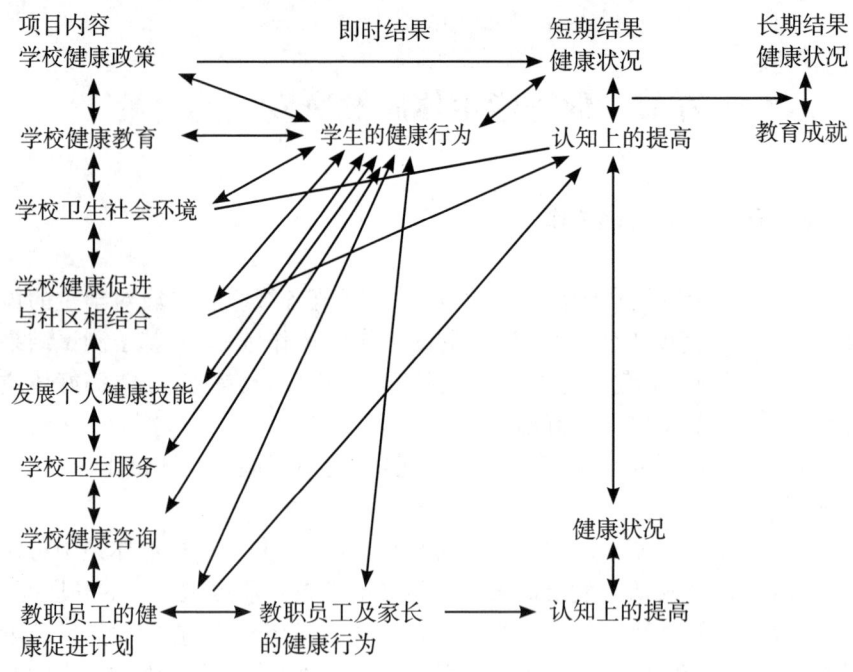

图 1-5[①]　学校健康促进体系

健康教育既是学校健康促进的重要组成部分,也是学校教育的重要内容,其在学校健康促进体系中占有重要地位。各级学校都需要强化健康教育工作,积极开展多样化的体育活动,建立体育与健康考核机制。学校健康教育通常从一般健康教育与专题健康教育两方面展开,二者缺一不可。一般健康教育主要是开展体育教学和课外体育活动,专题健康教育主要是进行性健康教育和疾病健康教育,而疾病健康教育又包括门诊教育、住院教育、随访教育等形式。在疾病健康教育中要科学制定教育计划,具体可参考如图 1-6 所示的制定程序。

在学校健康教育规划设计中,可参考美国健康教育学家劳伦斯·格林主创 PRECEDE-PROCEED 模式,分阶段实施健康教育工作,提高健康教育的效率,如图 1-7 所示。

---

① 黄敬亭.健康教育学[M].上海:复旦大学出版社,2006.

第一章 当今素质教育背景下的学生体质健康与发展

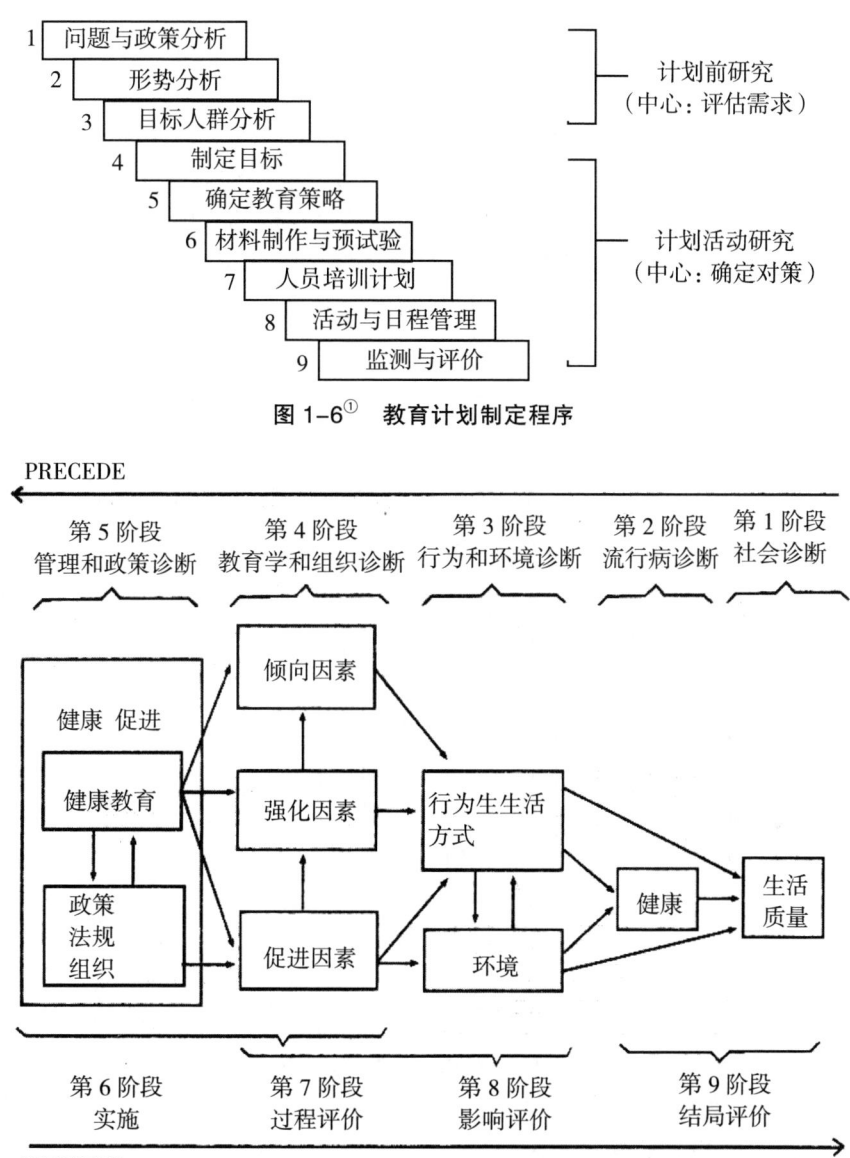

图 1-6[①] 教育计划制定程序

图 1-7[②] PRECEDE-PROCEED 健康教育模式

---

① 黄敬亭.健康教育学[M].上海：复旦大学出版社，2006.
② 同上。

（二）推动家庭健康教育

开展家庭健康教育,要普及健康知识,强化健康常识宣传,使家长意识到体育锻炼对于孩子健康的重要意义,以身作则引导孩子进行体育锻炼,使孩子劳逸结合。为促进与规范家庭体育活动的开展,可建立自发性的家庭体育组织,营造自由民主的家庭体育氛围。这需要政府、社会、家庭等共同决策来建立家庭体育组织,结构模型与构建如图1-8所示。

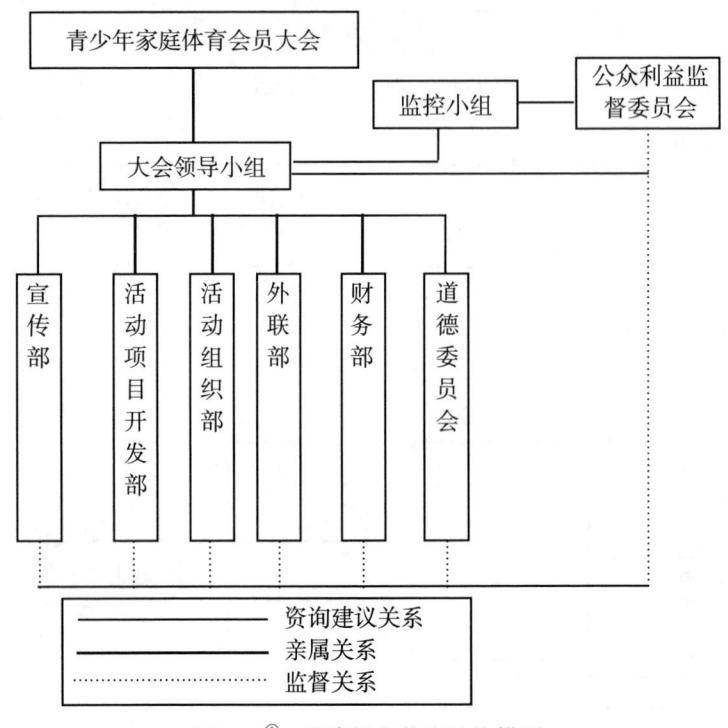

图 1-8[①]　家庭健康教育结构模型

（三）重视社会健康教育

社会要充分认识到学生健康教育的重要性,从而加大对基础设施的投入力度,确保锻炼场所能够满足学生的基本需求,为体质健康教育提供物质保障。此外,为推进社会健康教育的有序开展,还需要建立与完善社会公共体育服务体系,实现服务型政府职能的转变,满足青少年体育需求、健康需求,提高青少年身体素质。

---

① 张青.论家庭教育与青少年健康成长[J].现代教育科学,2012(12).

三、完善健康教育保障体系

为了促进学生健康成长,提高学生的体质健康水平,政府要充分发挥自己的职能,出台相关政策,完善健康教育保障体系,为学生健康与全面发展创建良好的教育环境。具体而言,政府部门应从以下几方面着手发挥自己的职能作用。

首先,对健康教育法律法规加以制定与完善,对健康教育监督机制进行构建。教育部门、体育部门及其他有关部门相互合作,共同创建与维护健康教育环境,以规范健康教育事业的发展。

其次,对健康教育扶持机制加以制定与完善,给各级学校下拨资金专门用于开展健康教育工作,并用专项资金对体育教师进行专业化培养,充分发挥体育教师在体育教学中的作用,提高体育教学的效率,真正贯彻落实健康第一的理念,实现增强学生体质的教育目标。

最后,多维度改革社会人才选拔制度,在人才考核标准和体系中纳入体质健康指标,设计量化评价方式,并对体育锻炼标准予以完善,在这个过程中要考虑不同学生的体质状况。

第二章 体质健康视角下体育教学理念的发展

近些年来,我国青少年的体质水平不容乐观,呈逐年下降的趋势,导致这一情况的原因是多方面的。身体健康是从事一切活动的基础,因此,重视与改善学生的体质健康尤为重要。当今在学校中比较流行的"健康第一""以人为本""终身体育"等教学理念与学生的体质健康之间都有着密切的联系,通过以上教学理念的贯彻能有效地促进学生身体素质的发展。本章就重点研究与分析体质健康视角下以上几种体育教学理念的发展情况。

第一节 "健康第一"教学理念的贯彻

一、"健康第一"教学理念的提出

"健康第一"教学理念的提出对于我国国民体质的增强,对于青少年身体素质的改善与发展都具有重要的意义。早在 20 世纪 50 年代,我国就提出了"健康第一"的教学思想,这一教学思想的提出具有重要的历史意义。当时,我国内忧外患,有识之士积极探索救国、教育之道,毛泽东提出"健康第一"的思想,指出:"各校要注意健康第一、学习第二。"伴随着时代的不断发展,这一教学理念日益丰富和完善,如今已在学校体育教学中得到了充分的贯彻与利用。

二、"健康第一"教学理念的发展

在改革开放之前,我国综合国力不高,处于一个非常落后的水平,这一时期我国居民的体质水平也不高,很少有人重视体质教育等方面的问

第二章　体质健康视角下体育教育理念的发展

题。伴随着时代的不断发展,学生的健康问题受到广泛的关注。在国际发展大环境中,为与世界各国发展同步,我国大力发展竞技体育,强调"金牌数量",学生健康及学校体育教育受到一定的忽视。

伴随着时代的不断发展,社会各个层面都发生了较大的变化,体育教育也是如此。以往传统体育教学已难以适应新时代人才培养需要,社会亟需崭新的符合时代发展的体育教学理念,在这样的背景下,"健康第一"的教学理念应运而生。20世纪90年代,"健康第一"教学指导思想的内容更加明确,"健康第一"教学思想与素质教育的诉求是一致的,都非常重视学生的身体健康发展。因此,这一教学理念在学校体育教育中得到了充分的贯彻与实施。

随着时代的不断发展,"健康第一"教学理念在我国体育教学中得到了很好的贯彻和落实,这是时代发展以及体育教育的必然要求。目前,我国国民普遍存在着运动不足和不良生活习惯、饮食结构严重损害着人们的身心健康,这引起了人们对健康的思考,关注大众健康成为当下一个重要的热点话题。

大量的体质健康问题也在我国青少年身上得到了印证,近些年来,青少年肥胖率、近视率持续不断升高,青少年的体质综合水平呈不断下降趋势。这一状况对于我国青少年的健康长远发展是十分不利的,因此,加强体育教学改革,促进青少年身体素质的发展尤为重要。

在现代社会发展的背景下,"健康第一"体育教学理念的影响力越来越广泛,其应用范围也不断扩大,不仅仅在教学领域,更上升到"全民健康"的范围,健康成为全社会关注的一个话题。由此可见,"健康第一"教学理念是符合时代发展要求的一个教学理念,它对于人们体质的增强具有重要的意义和作用,积极在学校教育中宣传与推广这一理念仍将是今后一项重要的工作。

三、"健康第一"教学理念的理论依据

从世界范围来看,"健康第一"教学理念的提出是符合世界教育发展趋势和社会对人才的发展要求的。

(一)世界范围内对人类健康发展的重视

健康对于人类的发展而言非常重要,因为只有身体健康了,才能保证顺利地参加一切社会活动,才有可能促进整个社会的发展。因此无论在哪个历史时期,健康问题都备受关注。

世界范围内各国开始普遍性地关注社会健康、大众健康是在20世纪50年代。二战以后,各国社会经济逐渐恢复,各方面的发展促进了各个国家和地区对本国家和地区的人们健康的重视,大众健康开始逐渐走入公众视野,受到社会各个层面及人士的广泛关注。

1948年,世界卫生组织提出了现代健康新理念,这极大地推动了健康理念的发展。为适应世界发展趋势,我国也开始关注社会大众健康教育、学校体育教育,提出"健康第一"的教学理念。

伴随着时代的发展和进步,世界上各个国家和地区都非常重视大众健康的发展,整个社会已对体育的功能、价值等方面形成了全新的认识,在教育领域,重视学生的健康发展,成为各个国家和地区重视本国和本地区体育事业和教育事业发展的重中之重,体育健康教育对增强青少年体质健康水平和通过青少年群体影响周围群众健康、实现青少年进入社会成为社会体育人口间接增进社会大众健康具有重要而深远的影响。

在当今全球一体化发展的背景下,2005年党中央国务院公布《关于深化教育改革全面推进素质教育的决定》。如今"健康第一"教学理念在各个领域中都得到了很好的贯彻与利用,也成为我国高校体育教育的重要指导理念。

(二)社会发展对人才健康发展的客观要求

如今各种科学技术手段在各个领域得到了广泛的利用,大大提高了人们的生产与生活效率。在这样的情况下,人们的体力劳动也变得越来越少了,长时间伏案工作所造成的"运动不足""肌肉饥饿"严重影响了人们的身体健康。基于社会压力所产生的各种心理疾病严重影响了人们的心理健康;社会功利化发展,过多地利益争夺也不利于人们的社会化发展。

在当今时代背景下,疾病死亡原因发生了本质的变化,生活方式发生率急剧转变成为疾病死亡高发的重要诱因。健康问题成为一个社会发展问题,受到社会各个领域的广泛重视。

进入21世纪后,"全民健身"和"青少年体质健康"问题更大范围地走进我国国民的生活视野,全民健身运动日益兴盛。在节假日及休闲时间,人们都倾向于参加各种各样的健身活动,不仅增强了体质,而且也丰富了精神文化生活。

以上我们已经分析过,无论在任何时期,健康问题都是非常重要的,理应受到广泛的重视。现代社会激烈的竞争要求现代人才不仅要有正确的政治思想,具备扎实的科学知识和能力,还必须具备强健的体魄,"身体健康是其他一切健康的基础","身体是革命的本钱",身体健康是个体生活、学习、工作的基础,如果没有一个健康的身体,则很难在激烈的社会竞争中占据一席之地。因此,促进身体健康与完善成为时代的必然和强烈的个人需要。

四、"健康第一"教学理念的内涵

发展到现在,"健康第一"教学理念在学校体育教学中得到了深刻的贯彻与实施,对于学生身体素质的提高发挥了非常重要的作用。"健康第一"教学理念有着十分丰富的内涵,这也是其获得进一步发展的重要原因所在。

(一)强调身体健康是健康的基础

"健康第一"教学理念的内涵非常丰富,这里的健康不仅仅指的是身体健康,还包括心理健康、社会健康、生殖健康等在内的多维健康,其中健康的基础是身体健康,是其他方面的重要基础。学校体育教育应首先要关注学生的身体健康教育,只有身体健康了,才能实现其他方面的"健康",这是重要的基础。

(二)强调多元健康发展的素质教育

如今,"健康第一"的教学理念深入人心,受到教师的广泛关注和重视。强调体育教育应重视学生的健康发展,指出学校教育教学的首要目标是促进学生的身体健康,促进学生的健康成长,这要比学生的学习成绩更为重要。

(三)强调健康教育的全面性

(1)发展到现在,"健康第一"的教育理念得到了广泛的认可。这一理念要求体育教学活动的开展要以学生的健康为基础,重视学生的身心健康发展,不仅要关注学生的身体健康,而且还要关注学生的心理和社会性健康,以为学生奠定良好的身体基础、心理基础,同时还能培养学生的社会适应力,这对于学生将来走上社会快速适应社会具有非常大的帮助。

(2)对学生进行心理健康教育。在当今社会背景下,学生必须要具备良好的心理素质,这样才能提高自己的竞争能力,快速适应社会的发展。当前,就我国高校大学生群体而言,许多大学生都深受学业、就业、生活中的各种问题的困扰,存在不同程度的心理问题。因此,教育关注学生心理健康非常必要。体育具有促进运动者健康心理形成和发展的重要作用,现代大学生压力大,也容易受不良因素影响,高校体育教育应关注大学生的心理健康,促进学生心理水平的提升与完善。

(3)对学生进行社会性发展教育。伴随着时代的不断发展,体育教育越来越受到社会各界人士的关注和重视。大量的实践表明,学校体育教育可促进学生的社会性发展,能帮助学生建立良好的人际关系,提高学生的竞争力。

因此,在具体的体育教学活动中,应充分贯彻与实施"健康第一"的教学理念,这对于学生的长远发展是非常有意义的。

五、"健康第一"教学理念在体育教学中的应用

(一)明确体育教学目的与任务

(1)在学校体育教学中,各项体育教学活动的开展都应建立在多维健康观的基础上,多维健康主要包括身体健康、心理健康、社会适应健康等多个方面。

(2)学生是重要的主体,一切教学活动的开展都要围绕学生进行,在具体的教学中,要重视学生的身体、心理、智力、社会适应能力等多方面的发展。

(3)通过体育教育培养高素质的社会主义现代化建设的人才。

(二)贯彻与落实体育健康教育标准

(1)不断优化与改善体育教学内容,丰富与完善学生的体育知识结构体系,提高学生的体育水平。

(2)各学校要依据国家学生体质标准,并依据自身实际制定一个合理的符合学生发展的健康标准。

(3)本着"以人为本"的原则管理学生,提倡学生的个性化发展,学生可以依据自己的喜好自由选择各种体育课程,促进学生的全面发展。

(三)努力培养学生的健康意识和行为

(1)结合学生的实际选择能促进学生健康发展的体育教材。

（2）加强学生的医务监督，保证运动安全。
（3）加强对学生的体育课外活动指导。
（4）开展丰富多彩的校园体育文化活动，为学生创造良好的体育文化氛围。
（5）学生要学习和掌握生理学、营养学、心理学、保健学等方面的学科理论知识，从而为体育实践提供必要的理论指导。

（四）学习与掌握健康知识与技能

（1）在平时的教学中，加强学生的卫生、健康、保健教育。
（2）根据学生的身心发展特点与具体实际开展体育教学活动。
（3）帮助学生掌握丰富的体育健康知识，提高学生的运动技能，掌握体育运动锻炼的方法。
（4）培养学生的终身体育意识和习惯。

第二节 "以人为本"教学理念的应用

在当今社会背景下，"以人为本"的教学理念得到了很好的贯彻，这一理念对于学生的个性化发展，对于素质教育的发展都具有重要的意义。同时，在"以人为本"教学理念的指导下，学生能获得更加全面健康的发展。

一、"以人为本"教学理念的概念

在现代教育背景下，"以人为本"的教学理念越来越受到重视，其内涵也越来越丰富。关于"以人为本"教学理念，具有代表性的观点有以下几种。
（1）"以人为本"的核心在于学生，在于学生主体地位的彰显，"以人为本"，实际上就是"以学生为本"，学生在体育教学活动中占据着十分重要的地位。
（2）学校教育中的"以人为本"，要求教师应尊重、理解、关心和信任学生，能促进学生的全面发展。
（3）"以人为本"教学理念中的"人"主要指的是学生和教师，他们都属于体育教学活动的重要主体，主要表现为"以学生为本"和"以教师为本"。

（4）"以人为本"教学理念是一种尊重和关怀他人为核心的教学理念，倡导以人为主体，以教育为主体。这是宏观意义上的"以人为本"。

综上所述，"以人为本"的教学理念中，广义上而言，"人"是指学生、教师和教育管理者，狭义上则是指学生。教育是"培养人"的一种活动，"以人为本"中的"人"的最大内涵是"学生"，体育教育应注重学生身心健康和全面素质的培养，这才是真正意义上的"以人为本"。

二、"以人为本"的教学观点

"以人为本"从字面意义上就能理解这一观点的核心内容，这一理念充分肯定了人在教育中的作用，"人"可以说是这一理念的核心所在。具体而言，"以人为本"的教学观点如下所述。

（一）教育的目的是促进师生的自我实现

促进师生的自我实现是"以人为本"教学理念的一个重要观点。这一观点受到诸多专家及学者的重视。这一观点的内容主要体现在以下两个方面。

1. 促进学生全面素质的发展

学生全面素质的发展主要包括身体素质发展、心理素质发展、智能素质发展、社会适应性提高等多个方面，"以人为本"的体育教学让每一个学生都能通过体育教学有所进步，促进学生各项素质的全面发展。

"以人为本"的体育教学理念充分强调了在体育教学中不仅要重视健康知识和运动技能的学习，还要通过科学的体育教学环境创设和教学过程安排来促进学生的心理、情感、智慧、社会性发展，使学生情感和智力有机结合。教育学家罗杰斯认为，体育教育的一个重要任务就是在体育教学中促进学生的认知与情感的共同进步与发展，通过体育教学，发掘和发挥每一个学生的学习潜能，培养学生的个性，促进学生的全面发展。

2. 促进教师的自我价值实现与全面发展

促进教师的自我实现也是"以人为本"教学理念的一个重要目的。在具体的体育教学中，体育教师要能扮演好自己的角色，实现自身应有的价值。通过体育教学培养出适合社会发展的合格人才，促进学生的发展与进步。

第二章　体质健康视角下体育教育理念的发展

除此之外,"以人为本"的体育教学还能有效提高体育教师的教学能力、组织能力、社交能力、科研能力等。教师在组织与开展教学活动的过程中,促进自我综合教学能力和体育素养的不断提高,实现自身应用的价值。体育教师这种严于律己的行为方式能对学生产生潜移默化的影响,从而产生双赢的效果。

（二）体育课程的安排应尊重学生的个性发展

在以往的传统教育理念下,人本位的思想和观念并不受重视,人的个性发展受到很大程度的抑制。但在新的时代发展背景下,人们逐渐认识到传统工具化教育是对其本质属性的违背,逐渐认识到,人是教育的出发点,人本教育将教育的重点落实到人身上,关注人的健康成长。在人本教育基础上我国所提出的素质教育也正是关注人的以学生为本的一种教育,我国国务院曾指出,素质教育的实施方针是"坚持实现自身价值与服务祖国人民的统一",学生是教育活动的主体,关注学生的个性化发展与全面发展非常符合现代教育的要求,要将其作为重要的一方面教学内容来抓。

在"以人为本"教学理念下,体育教学的一个非常重要的目的和任务就是促进每一名学生的个性化发展。因此,体育教学应在统一要求的基础上做到因材施教,教师必须要尽可能实现多样化的教学课程设计,力争促进学生的全面发展。

（三）教学方法选用应重视学生情感体验

"以人为本"教学理念中促进学生的个性化发展是通过大量的实践总结得出的,这一教学理念也非常符合当今素质教育的要求,有着一定的先进性。要想实现学生全面发展的目标,就需要选择合适的多样化的体育教学方法,对学生的各项素质进行培养。

在具体的体育教学中,体育教师还要全面了解和尊重学生,给予学生良好的发展空间。在教学中形成一个和谐的师生关系,这样才能保证体育教学活动的顺利开展。在具体的体育教学实践中,学生的学习受到个人态度、个人爱好、获得学分等动机的影响,教师的个人魅力也是其中一个非常重要的因素,因此体育教师一定要注意自身各方面素质的培养和提高,重视学生情感体验,只有在愉悦的体育教学氛围下,学生才能得以健康快速的发展。

三、"以人为本"的理论基础

如今"以人为本"的教学理念在体育教学中得到了充分的贯彻与利用,在这一理念的指导下,学生的主体地位更加突出,个性化发展得到了良好的保障。需要注意的是,"以人为本"的这一教学理念是在现代人本主义教育思想的基础上发展起来的。人本主义教育思想的产生,源于对现代科学发展中人对科学产品的使用和在智能化时代发展过程中的人的价值的丧失的思考,在当今的教学理念中居于先进的地位,对于整个学校教育的发展都具有重要的意义。

发展到现在,科学技术在社会各个领域都得到了充分的利用,它对于社会生产力的提高以及人们生活水平的改善都发挥着十分重要的作用。在20世纪50年代的教育改革中,各种教学思想、教学观点层出不穷,其中,认知心理学和行为主义对人性的认识分析带来了一定的困惑,在旧时代背景下,教育工具化,接受教育、获取知识的兴趣的快乐体验无法得到重视,教育只是人们提高技能的一个手段,伴随着时代的不断发展,这一观念逐渐被扭转和抛弃。

在科学技术不断发展的背景下,生产方式、生活方式、生产模式等方面都获得了不断的转变和发展。如今人们越来越依赖于和受制于科技,因此,在教育层面人们也越来越强调"人本主义",旨在将人从"器物"中解放出来。现代人本主义强调,应将人类从依赖科技中解放出来,恢复人在世界中的本体地位,从而获得个性的发展。"以人为本"的教学理念非常强调人的作用,表现在体育教学中,就是注重学生主体地位的发挥,在如今的学校体育教育中,这一理念得到了充分的贯彻。

在学校体育教学中,"以人为本"这一教学理念的主要目的在于将教学活动参与者从传统教学中的非人性化的状态中解脱出来,恢复人的教学主体地位,强调学生的主体地位,这对于学生的全面发展具有重要的意义。

综上所述,"人本主义"的教学理念着重体现在以下几个方面。

(1)学生是体育教学活动的主体,一切教学活动的开展都要围绕这一主体进行。

(2)学生的"自我实现"非常重要,师生要获得共同发展和进步。

(3)在体育教学中,要努力促进人的情感的发展。

(4)学生人际关系的促进也是非常重要的一方面,理应受到重视。

(5)要进行有"意义的学习",实现既定的教学目标。

四、"以人为本"教学理念的发展

在很早的时候,"以人为本"思想就已出现并获得了一定的发展,但直到近现代,这一理念才得以不断发展,并逐渐成为教育教学领域的一个固定名词。

(一)我国古代"以人为本"思想

我国学校教育发展的时间很早,古时的一些思想家所提出的教学思想与现代"以人为本"教学理念有着一定的相似之处,只是,当时的各种教育教学思想并没有形成一个系统化的理论体系,这主要是受时代的局限。

商周时期,我国的先人就提出了"民本"思想,指出人民是国家的基础,这是我国古代教育家和思想家重视"人"的重要体现。这一思想与当今的"以人为本"理念有着异曲同工之妙。

发展到春秋时期,儒家学者倡导"仁者爱人""以民为国家之本"等思想,这些思想与"以人为本"的教学理念也有着共同之处,只是当初这些思想带有浓厚的政治意味,主要是为国家政治服务的,并没有在学校教育中获得发展。但无论如何,"以人为本"的这一理念在我国古代就有了萌芽。

(二)西方早期"以人为本"思想

在西方,很多早期的思想家也都非常注重人本身的发展,最早的人本主义思想出现于古希腊时期,在意大利文艺复兴时期,人本主义的思想基本形成。

古希腊时期,人们非常重视体育活动,认识到体育运动与健康之间的关系,开始关注人本身,这为人本主义的发展奠定了良好的基础。

在文艺复兴时期,"尊重人、关注人"的思想进一步推广,人本主义理念获得进一步发展。随着人本主义思想的提倡与发展,神学思想开始受到质疑,自我的健康发展在当时越来越受到关注。

发展到19世纪,费尔巴哈首次提出了"人本主义"思想,在西方教育中一直影响至今。在"人本主义"思想影响下,西方教学体系发生了重大变革,各种教育活动的开展,教学内容、方式、方法选用,都将促进人的发展放在了首要考虑的地位。

伴随着时代的发展和进步,我国与西方国家的交流日益频繁,社会各方面之间的沟通与交流日益密切,这为"人本主义"思想在我国的传播奠定了良好的基础,正是在这样的时代背景下,我国"以人为本"的教育思想才得以逐步发展。

(三)现代社会的"以人为本"思想

"人本主义"思想的提出具有划时代的意义,这一思想一经提出就受到了当时社会家和思想家的高度重视,伴随着社会的发展,这一思想观念渗透进社会各个层面,受到人们的高度重视。

在人本主义思想的引领下,西方教育进行了大量的改革尝试,涉及教学目的、教学任务、教学过程、教学设计等多个方面,这为现代体育教育的发展奠定了良好的基础。

我国在引进"以人为本"的教学理念后,经过多年的发展,普遍受到社会各界人士的认可。我国学校教育根据这一教学理念,提出了教育应落实到"育人"和"促进人发展"上面,这在一定程度上对我国的传统体育教育思想构成了冲击,以往那些重视竞技体育成绩、用体能训练和技能训练代替体育教学、体育教学为竞技体育服务的思想观念和做法等都受到了强烈的冲击。在这样的时代背景下,我国学校教育逐步走上正轨并获得快速的发展。

为促进我国学校体育教育的发展,我们应倡导和坚持"以人为本"的教学理念,注重并且不断促进"人的发展",这对于我国的学校教育发展具有十分重要的意义。"以人为本"的发展观要求在教育过程中将人的自由、幸福、和谐全面发展以及终极价值实现重视起来,要求体育教育突破机器的教育模式,真正转变为人的教育。教育是人的自我实现、自我理解以及自我确认的过程,而不是用金钱标准衡量现代人的自我价值和自我尊严。在这一理念的引领下,学校体育教育和受教育者都能获得健康的发展。

如今"以人为本"的教学理念在体育教学中得到了充分的贯彻与运用,这不仅是学校教育的要求,而且也是人类社会可持续发展的基本要求和重要内容。21世纪的竞争的根本是"人才"之间的竞争,而人才的培养是依靠教育来实现的。在新的历史背景下,各级学校应充分贯彻与落实科学发展观,坚持"以人为本"的教学理念,将人才的培养与发展落到实处,这样才能培养出大量的高素质的人才,无论是对于我国学校教育还是整个社会的发展都具有深远的影响和意义。

五、"以人为本"教学理念在体育教学中的应用

（一）重新定位体育教育价值

受时代及发展眼光的局限，在很长一段时间里，人们通常采用生物学的观点来对学校体育的价值做出判断，并且过多地关注学校体育"增强体质"的功能。除此之外，在对体育运动的本质理解上，一些教师存在一定的偏差，以足球运动教学为例，在传统的教学体系下，我国体育教材普遍将体育运动确定为"是以脚支配球为主，两个队在同一场地内进行攻守的体育运动项目"，针对此概念，有教师认为，"球"是活动争夺的目标，自然应该处于主体地位，因此也就忽视了"球"要受制于人，"人"才是活动的主体。在这样的思想下，学校体育教育很难获得进一步发展，因此必须要转变旧有的思想观念。

伴随着时代的发展和进步，人本理论和"以人为本"的教育理念得到了极大的弘扬与发展，这一理念突出体现了当代社会对人的发展的重视，在体育教学领域，学校教育部门开始强调人性的回归，"育人"成为一个重要的理念。

"以人为本"的体育教学理念非常符合当代素质教育的要求，具有一定的先进性。在当今社会背景下，人的发展在社会的各个领域受到了重视，即使是在智能时代，很多机器生产代替了人工生产，但是发明机器、操控机器的还是人，人的作用不容质疑。

在平时的教学中，体育教师要非常重视学生这一主体的发展，各种活动的开展都要围绕学生展开，学生与教师之间也要建立和谐的关系。需要注意的是，在"以人为本"的教学理念下，教师也应受到关注，体育教师在体育教学活动中也发挥着至关重要的作用。广义上而言，"以人为本"就是指的以教师为本，以学生为本。把握这一点，对于体育教师组织、开展教学活动具有重要的意义。

在当今社会背景下，我国的体育教学思想逐渐呈现出多元化的发展趋势，诸多教学思想都围绕"人"的教育展开论述，"人"的发展越来越受到重视。这说明"以人为本"的教学理念在学校教育中得到了充分的贯彻与利用，占据着极为重要的地位。

（二）体育教学目标的重构

受传统思想的影响，我国体育教学目标显得比较功利化，增强学生体

质、掌握"三基"和德育是主要的目标,这一目标不利于学生的健康持续发展,也不利于学校体育教学的长远发展。

随着体育教学的不断发展,新的科学化的教学理论、教学理念给了体育教育工作者更多的教育启发与指导,体育教学的育人作用被不断丰富和发展,多元化的学校体育价值体系对体育教学目标重构提出了要求。

伴随着学校教育的不断发展,"以人为本"的教学理念得到了充分的贯彻与利用。如今越来越多的学者逐渐认识到传统的教育体制不再适合当前的体育教学,不能单纯地追求学生的外在技能水平,而应该重视学生的全面、健康、可持续发展。新时期的体育教学的重点转移到"以人为主"上,只有如此,体育教学才能获得健康快速的发展。

(三)学生教学主体观的建立

经过一段时间的发展,如今"以人为本"的教学理念受到广大教师和学生的重视,在体育教学中得到了很好的贯彻。在具体的体育教学中,越来越多的教师开始关注学生,从学生的特点、条件、基础和学习需要出发来选择教学内容、选择教学方法、选择教学组织形式与教学模式。体育更多以选修课形式设置,不同教师之间也正是通过个人教学能力和对学生的"因材施教"和关心关爱学生,深受学生的信任和爱戴,从而大大提升了体育教学的质量。

(四)体育课程内容的优选

以往我国学校体育教学的内容主要以竞技体育运动技能的学习为主,对于学生全方面的发展重视程度不够。在新的时代背景下,"以人为本"教学理念受到重视,这一理念强调学生的全面、健康、个性化发展,要想实现这一目标,就必须要加强体育课程内容的优化与选择。

"以人为本"教学理念非常符合现代教育的要求,在这一理念的指导下,我国的体育教学发展非常迅速。为了进一步促进我国体育教学的改革,教育部门先后修订各级学校体育教学大纲,强调在体育教学中要不断丰富体育教学内容,通过多样化教学内容旨在促进学生的身心健康与全面发展。体育教学中,教学活动在落实"健康第一"的教学理念的基础上进行,通过丰富的体育教学内容来吸引学生参与体育锻炼,通过体育教学促进学生身心健康发展,而非传统体育教学中只关注竞技能力提高,这一现象在今后的体育教学中要杜绝。

除此之外,"以人为本"的体育教学理念还十分强调体育教学内容要与学生的发展需求相适应。

（1）教学内容要有一定的趣味性，能激发学生学习的兴趣。

（2）体育教学内容要体现健身性的特点，要更好地为学生身体健康服务。

（3）体育教学内容还要能培养学生良好的体育学习意识，提高学生独立学习的能力。

（4）体育教学内容还要具有一定的创新性，能有效培养学生的创新意识与能力。

第三节 "终身体育"教学理念的实施

"终身体育"也是学校体育教学中一个非常重要的理念，这一理念对于学生参加体育锻炼，养成主动参加体育锻炼的意识和习惯，促进学生体质的增强均具有重要的作用。

一、"终身体育"教学理念的基本解析

（一）终身体育的内涵

终身体育是指个体终身从事身体锻炼和接受体育教育的过程，这一过程集中体现在以下两个方面。

一方面，正确理解终身体育的内涵与价值，能帮助人们建立和形成正确的锻炼意识，促使人们积极主动地参与到体育锻炼之中。

另一方面，人的一生之中都离不开体育锻炼，坚持体育锻炼是人们一生的追求。

具体而言，"终身体育"的内涵主要体现在以下几个方面。

（1）终身体育理念主张体育锻炼要贯穿于人的一生。

（2）可供人们参加体育锻炼的运动项目非常丰富，能为人们参加体育锻炼提供多种选择。

（3）终身体育的对象是全体公民，对于任何人来说都是平等的。

（4）通过终身体育，人们能受到良好的教育，促进人和整个社会的健康发展。

总之，终身体育教育的主要目的是帮助人们养成积极参与体育锻炼

的意识与习惯,实现身心健康发展。这一理念强调人们要建立体育锻炼的内在动机,将参加体育锻炼的内在动机转化为具体的行动,并且这一行动要贯穿人的一生。

(二)终身体育体系的内容构成

终身体育体系庞大而复杂,以下是该体系的几个重要因素。

1. 构成人群

终身体育这一理念强调参加体育锻炼是每个人的权利和追求,参与的对象是社会中的每一个人。在这一理念之下,人人都拥有参与体育锻炼的权利,人们在参加体育锻炼的过程中都能增强自身的体质。

2. 构成空间

终身体育理念的构成空间主要包括家庭、学校和社会等几个方面,在不同的空间下,人们参加体育锻炼都能获得不错的发展。对于学生而言,学校是他们参加体育锻炼、接受体育教育的空间。在这一空间下,学生的身心能获得健康发展,体育教育的目标得以实现。

3. 习惯养成

终身体育理念一个非常重要的目的就在于培养和形成良好的体育锻炼意识与习惯。因此,体育锻炼习惯的养成是终身体育体系的重要内容。在平时的体育教学中,体育教师要引导学生建立和形成参与体育锻炼的习惯。

4. 锻炼能力

促进人的体育锻炼能力的提高也是终身体育理念的一个重要追求。体育锻炼能力主要由知识、技能和智力等要素构成,对于一个人的健康发展至关重要。对于学生而言,在平时的学习与生活中,要合理地安排锻炼时间,积极主动地参加体育锻炼,参加体育锻炼的过程中要注意运动安全,加强医务监督并进行体育锻炼的自我评价,并将这一锻炼的要求贯穿于一生之中。

终身体育体系的构成如图 2-1 所示。

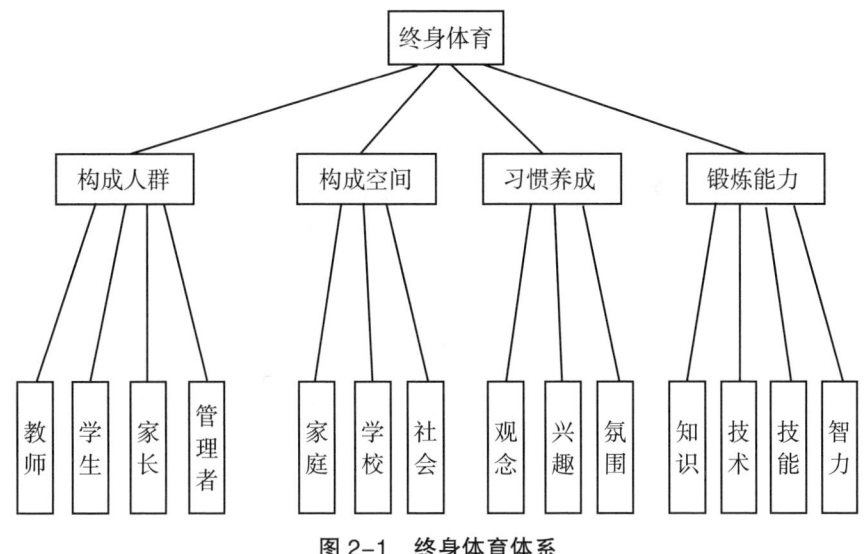

图 2-1　终身体育体系

（三）终身体育教学要素体系

在体育教学中,要想引导学生养成终身体育的意识与习惯,体育教师必须要充分了解终身体育的各项教学要素,并对这些要素进行细致的研究与分析,如此才能合理地选择与设置体育教学内容,在具体的教学过程中贯彻终身体育教育理念。

据调查发现,优秀的体育教师通常都能依据学生的特点、个性及学习实际合理设置教学目标、选择教学内容,并能有效地解决教学过程中存在的各种问题,从而促进体育教育的发展,促进学生的全面发展。

一般来说,一个完整的终身体育教学体系如图 2-2 所示。

二、终身体育与学校体育的关系

终身体育与学校体育之间有着十分密切的关系,二者都是通过体育锻炼育人,这是其共同的特点,不同之处在于它们在组织形式、人员参与及时间界定等方面具有一定的差异。

（一）终身体育与学校体育的相同点

1. 教育目标相同

在教育目标方面,终身体育与学校体育是相同的。学校体育教育的主要目的是增强学生的身体素质,培养德、智、体全面发展的人才,而终身体育则提倡人们终身参与体育锻炼,促进人们的身体健康发展。增强体质,促进身体素质的发展是二者共同的追求。

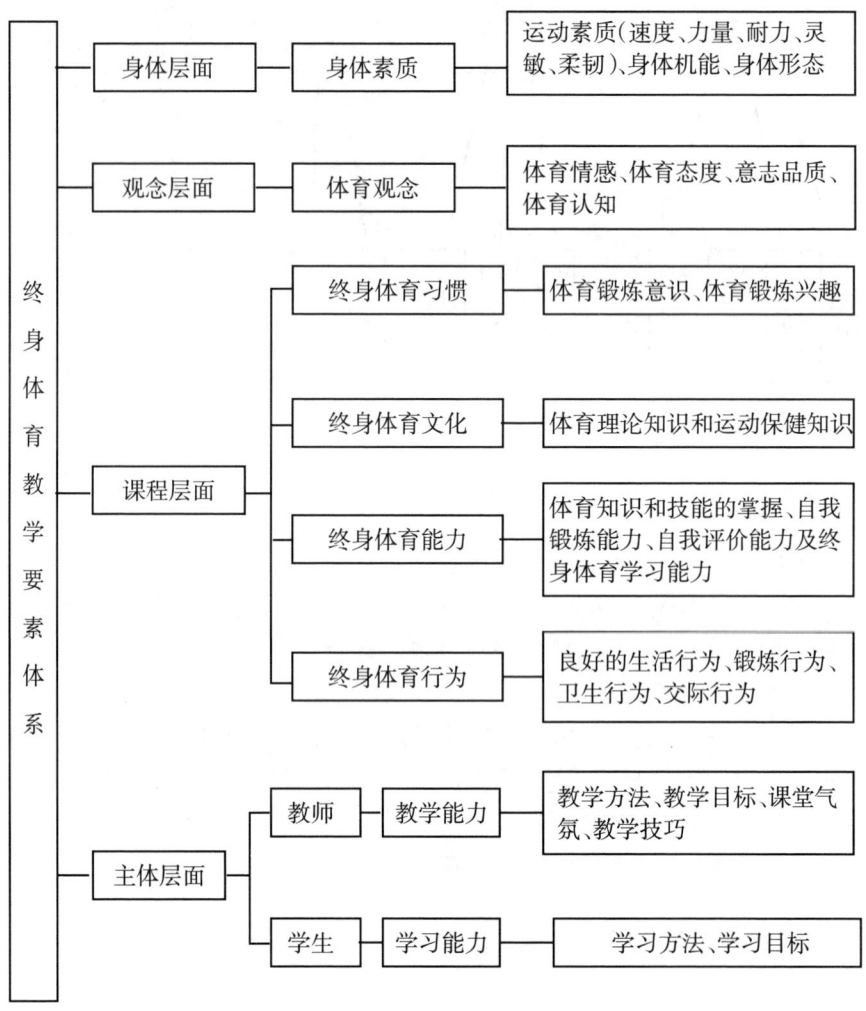

图 2-2　终身体育教学体系

2. 教育任务相同

在教育任务方面,学校体育与终身体育也是相同的。主要任务是通过体育学习和体育锻炼提高学生的运动水平和能力。通过学校体育教育,学生的体育意识、体育习惯等都能得到很好的培养。在人的一生中,学校体育教育是一个重要的阶段,这一阶段是学生养成终身体育意识与习惯的重要阶段,理应受到重视。

3. 教育方式相同

终身体育与学校体育在教育方式方面也是相同的,二者都是通过身体锻炼来对学生进行体育教育。通过身体锻炼,学生的各项身体素质都能获得发展和提高。在学校体育教育中,体育锻炼是最为重要的教学手段,不论是体育实践课教学还是课余体育锻炼都是重要的内容。而终身体育中的身体锻炼则是一种长期坚持不懈的育人手段,贯穿于人的一生,对于人的身体健康具有重要的作用。

(二)终身体育与学校体育的区别

1. 教育对象的区别

终身体育与学校体育的对象有着较大的区别,学校体育教育的对象是在校学生,终身体育则是全社会成员。可以看出,前者的对象范围较小,后者的范围较大。终身体育贯穿于人的一生,学校体育属于终身体育教育的重要阶段。

2. 时空上的区别

终身体育与学校体育在时空上也有着一定的区别。前者强调体育教育贯穿人的一生,人在一生之中都要坚持不懈地参加体育锻炼。这一体育锻炼活动不受场馆、时间和空间的限制,主张全面地锻炼身体。而后者则主要是在学校教育这一阶段进行的体育锻炼,学生在毕业走上社会后就不属于这一范畴了。由此可见,学校体育是终身体育其中的一个阶段。

3. 自由度上的区别

终身体育与学校体育在自由度上也有一定的区别。这一区别表现在,终身体育不受时空、形式等因素的影响,无论是体育锻炼的内容还是参与的形式都是自由灵活的,参与者可以根据自己的特点和爱好自由选择。而学校体育教育的组织与管理相对来说比较严格,在平时的教学中,必须要按照教学大纲展开教学活动,具有鲜明的针对性和目的性。

三、影响"终身体育"理念发展的因素

学者黄丽秋曾经做过一项调查,他对"影响终身体育发展的要素"进行了一定的调查与分析。调查的对象为100名体育教师,具体的调查结

果见表 2-1。

表 2-1　影响终身体育发展的要素[①]

影响因素	累计频率	一致性系数
锻炼意识	88.97%	0.4385
体育理论知识	88.34%	0.4361
自我锻炼能力	86.69%	0.8284
教学方法	83.02%	0.8088
课堂氛围	82.43%	0.8979
体育认知	82.06%	0.8132
锻炼兴趣	81.99%	0.3952
体育态度	81.40%	0.7231
教学目标	80.51%	0.8544
教学技能	70.59%	0.7901
身体形态	68.97%	0.677
意志品质	67.87%	0.8974
适应能力	66.91%	0.7641
自我评价能力	66.10%	0.8415
身体机能	64.90%	0.7793
体育情感	63.60%	0.7297
交际行为	46.69%	0.5238
锻炼观念	45.59%	0.5097
体育学习能力	41.54%	0.5149
学习方法	41.54%	0.5149
运动保健知识	41.54%	0.5149
生活习惯	36.03%	0.4109
其他	9.56%	0.0293

由上表可以看出，影响人们终身体育发展的因素主要有锻炼意识、体育理论知识、教学目标、教学方法、自我锻炼能力、体育认知、课堂氛围、锻炼兴趣、体育态度等。在平时的体育教学中，体育教师一定不要忽略了这

[①] 黄丽秋．终身体育思想的形成及教学引领研究 [D]．湖南师范大学，2014．

第二章　体质健康视角下体育教育理念的发展

些要素的发展,要将其视为重要的内容,合理地组织与开展教学活动,促进学生的全面发展。

四、体育教学中"终身体育"教学理念的应用与优化

(一)促进"终身体育"观念的优化与发展

在平时的体育教学中,体育教师要将培养学生终身体育的意识与习惯作为一项重要的工作来做,让学生充分认识到体育锻炼的内涵与价值。只有如此,才能激发学生参与体育锻炼的积极性,将体育锻炼当做自己日常的一项任务,久而久之就会养成自觉参加体育锻炼的良好习惯。

终身体育意识指的是人们对体育的认识及在体育实践中表现出来的思想观念。这一意识和行为主要包括体育认识、体育情感和体育意志三个方面,这几个方面做好了就能树立良好的体育意识。在平时的体育教学中,体育教师要重视学生体育兴趣的培养,引导学生树立正确的体育观念,这对于学生终身体育观念的形成具有重大的帮助。[①]

(二)加强体育课程的建设与优化

1. 课程目标

为促进"终身体育"教学理念的进一步优化与发展,还必须要加强体育课程的建设,这是一个非常重要的策略。在建设体育课程之前首先就要明确体育课程的目标。这一点至关重要,这是培养学生体育锻炼积极性的重要前提和基础。设置体育课程目标时,体育教师要依据学生的特点、运动基础和运动能力等确立合适的教学目标,这一目标不能过高或过低,是学生能经过一定的努力而实现的。

2. 课程内容

为促进学校体育教学的发展,加强体育课程内容的建设非常重要。运动技能教学是体育课程教学的重要内容,不仅如此,在具体的教学中,还不要忽略了学生运动能力的培养以及健康教育。作为学校教育部门,要开发一些能展现大学生体育个性,有利于学生各方面发展的课程内容,如健美操、瑜伽、网球、跆拳道等,让学生在愉快的体育氛围下学习和提高。

---

① 李伯镇.中职体育教学中如何激发学生运动兴趣[J].教育教学论坛,2020(03):338-339.

3. 课程评价

在课程评价方面,体育教师要学会利用综合性评价的方式对学生进行评价。要将过程与结果、显性与隐性等评价方式结合起来构建一个科学、合理的评价体系。终身体育的教学理念突破了以往只重视对运动技术、运动能力进行评价的评价模式,还非常重视学生的体育态度、学习兴趣、终身体育意识等方面的评价,这些隐性评价也是课程评价的重要内容,对学生参与体育锻炼的积极性会产生重要的影响,因此需要引起重视。

(三)促进师生主体的优化与发展

为促进体育教学质量的提高,保证"终身体育"理念在体育教学中的贯彻与利用,体育教师需要加强自身综合素质的培训,树立新的教育观念,采取创新的多样化的教学方法展开体育教学工作。另外,体育教师还要努力提升自身的专业素养,提高专业能力,为学生做出良好的示范和指导。在平时的教学中,体育教师要引导学生加强自我锻炼能力的培养,培养学生自觉参与体育锻炼的意识和习惯。这对于学生终身体育意识的形成具有重要的意义。

在具体的体育教学中,体育教师要采用以学生为主体的目标教学模式展开教学活动,要尽可能地选择多种教学方法,引发学生积极思考,培养学生独立解决问题的能力,这对于学生"终身体育"意识的形成也具有重要的帮助。

第四节 新时代背景下体育教学理念的发展

一、影响体育教学理念发展的因素分析

为促进体育教学质量的提高,建立正确的教学理念是至关重要的。只有在正确的教学理念指导下,才能确保体育教学活动的顺利开展。为保证教学活动的顺利开展,还要充分调查与了解影响体育教学理念的因素。一般来说,影响体育教学理念发展的因素主要有以下几点。

第二章　体质健康视角下体育教育理念的发展

（一）认知因素

认知因素是影响体育教学质量提高的重要因素,这一影响突出体现在以下几个方面。

（1）在确立或者创新教学理念的过程中,人们容易产生一定的思维定势,不能及时领悟当前的体育教学实际。

（2）体育教师缺乏完善的知识结构体系,创新思维能力也不足。

（3）体育教师技术动作表征和酝酿能力较差,不能正确的感知和理解问题。

（4）体育教师存在一些不良的思维品质,制约着学生创新思维能力的提高。

（二）个性因素

个性也是影响体育教学理念创新发展的一个重要因素。其对体育教学理念的影响主要表现在以下三个方面。

（1）如果体育教师和学生缺乏必要的创新需要和动机,就会在很大程度上影响体育教学理念的创新。

（2）如果缺乏创新的兴趣,也会影响体育教学理念的创新。

（3）如果缺乏一定的创新意识,也会影响体育教学理念的创新。

（三）师生因素

师生因素也是影响体育教学理念创新与发展的一个重要因素。这一因素的影响主要体现在以下两个方面。

（1）如果体育教师综合素质较低,就会影响教学理念的创新,也会影响学生思维能力的培养。

（2）如果体育教师缺乏良好的社会意识也容易导致难以创新出良好的教学理念,不利于体育教学活动的顺利开展。

二、新时代背景下体育教学理念发展的对策

（一）体育教师带动学生进行创新

1.挖掘与培养学生潜能

在具体的体育教学中,每一名学生都有自身的个性特点和潜能,在学

生众多潜能之中包含着创新潜能,这是一个非常重要的潜在能力,充分挖掘与培养学生的创新潜能,有助于培养出高素质的创新型人才。因此在平时的体育教学中,体育教师一定要注意挖掘与培养学生的潜能。这能为学生的创新意识与能力的提高奠定良好的基础,如此才能促进体育教学理念的发展。

2.培养学生的创新思维能力

体育教师要充分了解与尊重学生的不同个性,针对不同的学生有针对性地进行教育,将统一要求与弹性要求结合起来。在具体的体育教学过程中要善于引导学生开动脑筋,发散思维,鼓励其创新,努力提高学生的创新意识与能力。

3.善于运用启发教学法培养学生自己动手解决问题的能力

体育教师在教学活动中还要给予学生创新能力的指导。学生在自主学习的过程中往往更容易开动脑筋,拓展思维,所以教师要打破教师主动教与学生被动学的传统课堂模式,留出一定的时间让学生自主学习、合作学习、探索学习,多采用情境教学的模式组织教学活动,这对于学生创新能力的培养具有重要的作用。

(二)激发学生的学习动机和好奇心

在具体的体育教学中,体育教师还要善于引导学生激发学习的动机,帮助学生产生主动学习的动力,从而引发创新思维和发散性思维,促进学生思维创新能力的提升。

一般情况下,学生思维创新能力的提升需要注意以下两点。

第一,体育教师要综合教学中的各个要素设计合理的教学方案,这一方案要能引起学生积极主动的思考。

第二,体育教师要针对每一名学生的具体实际,合理设计与安排合适的教学内容,教学内容的安排要能激发学生学习的兴趣。

(三)开展探究性学习

探究法,是指在教学中学生掌握各种知识与技能的学习方法。[①]这一方法在当今体育教学中得到了广泛的利用。通过这一方法的运用能有效

---

① 李启迪,邵德伟.体育教学基本理论研究[M].北京:北京师范大学出版社,2014.

地提高学生的创新思维意识与能力。这对于体育教学理念的创新与发展也具有重要的意义。

探究性的学习需要注意以下几个方面的要求。

1. 目的要明确

体育教师开展体育教学活动,首先要明确研究的目的,这样才能朝着这一方向努力,从而设计出合适的教学目标,选择合理的教学方法。

2. 开展探究性教学要与学生的知识水平相符

体育教师还要充分了解与掌握每一名学生的实际情况,包括学生的学习基础、学习态度、兴趣与爱好等,充分了解学生的知识结构,这样能更好地进行探究性学习,提高体育教学的质量和效果。

3. 善于启发与引导学生

体育教学活动非常复杂,通常会存在大量的疑难问题,这时就需要体育教师积极地引导学生进行发散性思考,采取合理的手段与措施去解决这些疑难问题。在解决问题的过程中,学生的创新思维能力得到了有效的提升。这对于体育教学理念的创新与发展也具有重要的意义和作用。

(四)尊重学生的独立人格

培养和提高学生的创新意识与能力也是体育教学的一个重要目标和任务。对于我国学校教育而言,受传统教育思想的影响,我国历来都不怎么重视学生的人格教育,学生的个性发展与独立人格一直受到极大的压制。在这样的情况下,根本不可能培养和提高学生的自主创新能力。因此,尊重学生的独立人格,有利于激发学生创新意识与思维,从而有利于体育教学理念的创新与发展。

我们可以采取以下手段来培养学生的人格。

(1)引导学生结合自身的实际情况合理安排学习时间。

(2)给予学生充分的自主选择权,自由选择学习的内容。

(3)积极引导学生培养自己的创新思维与意识,提高其创新意识与能力。

(五)利用网络资源培养创新思维

如今,社会已进入一个信息化社会,互联网技术在社会各个领域都得到了广泛的利用,通过网络信息或网络资源的利用,能很好地培养和提升自己的自主学习和创新能力。在此条件下,也有利于体育教师创新体育教学理念,促进体育教学理念的发展。

第三章 体质健康视角下体育教学目标的设置

体育教学目标是体育教学的重要组成部分,其对整个体育教学的开展起到重要的导向作用,这是其他组成部分所不可替代的。从某种意义上来说,体育教学目标设置的科学与否,会在很大程度上决定着体育教学的实施与推进顺利与否,甚至决定着体育教学效果理想与否。因此,一定要重视体育教学目标的设置,尤其是体质健康视角下。本章主要对体育教学目标的理论基础、合理编制、优化与发展进行了分析和探讨,在此基础上,对以体质健康为体育教学目标进行了深入探讨,由此,对体育教学目标的设置有较为全面且深入的把控。

第一节 体育教学目标的理论基础

一、体育教学目标的概念与内涵

(一)体育教学目标的概念界定

要想将体育教学目标的概念界定下来,首先,需要对体育教学有一个全面的了解,主要从体育教学与其他学科教学的共性与差异性上入手。

1. 体育教学的一般教学活动特征

(1)体育课教学是学校的必修课。
(2)体育教学采用班级授课制。
(3)在体育课教学过程中存在着多边关系。
(4)体育教学是"教师的教"与"学生的学"的双边活动。

2. 体育教学与以理论性为主的教学之间的差异(表 3-1)

表 3-1 体育教学与以理论性为主的教学之间的差异对比

	体育教学	理论性教学
学习手段	身体练习与思维活动相结合	大脑思维活动
设置内容	运动技术(运动操作知识)	各科理论性知识
负荷	身体与心理负荷	心理负荷
教学环境	户外	室内
智力因素侧重点	主要包括身体时空感觉、运动智力、人际交往智力等	言语智力、语言智力、逻辑智力、数理智力、自我认识智力等
是否有身体接触	大量的学生身体之间的接触与交流	基本没有
操作方式	学生对内在机体自我操作、体验与悟性	学生对外部知识的理解与悟性

由此,可以将体育教学目标的概念界定为:"在运动技术教学过程中师生预期达到的结果和标准。"

(二)体育教学目标的内涵解析

(1)体育教学目标在教学活动中的位置是非常重要的,其具有显著的导向作用,这种导向作用在落实教学大纲、制订教学计划、组织教学内容、明确教学方向、确定教学重点、选择教学方法、安排教学过程等方面都有所体现。因此,确定准确、合理的教学目标也被认为是教学设计的首要工作或第一环节。

(2)教学目标作为预先规定的教学结果,其可以作为重要的标准或者指标来对教学活动成功与否、有效与否进行测量、检查、评价。构想或预定的结果是否达到,还差多远,必然需要某种尺度测量。因此,这就赋予了体育教学目标可测量性的特点。

(3)以学生在学习基础和能力方面的差异性为依据,可将整个体育教学目标分为:合格水平(符合课标的最低要求),中等以上水平(符合课标的基本要求),优秀水平(符合或超出课程标准提出的最高要求)。[①]

(4)以目标的层次为依据,则可将体育教学目标分为理想目标与现

---

① 李启迪,邵伟德. 体育教学基本理论研究[M]. 北京:北京师范大学出版社,2014.

实目标两种类型。

二、体育教学目标的划分

一般的,学校体育目标可以分为学校体育目标、体育课程目标、单元教学目标、课时教学目标等这几种,需要指出的是这些目标的层面是不同的,其中,学校体育目标和体育课程目标是体育教学目标的上位概念,因此在讨论体育教学目标时应排除在外。

也有的将体育教学目标体系分解为学段教学目标、水平教学目标、学年教学目标、学期教学目标、单元教学目标、体育课教学目标等这几种。[①]

总的来说,关于体育教学目标的划分,没有专门的论述,体育课程标准将其分为四大类:运动参与、运动技能、体能、心理与社会适应目标。也可以参照图3-1来更清晰地理解体育教学目标的划分及其关系。

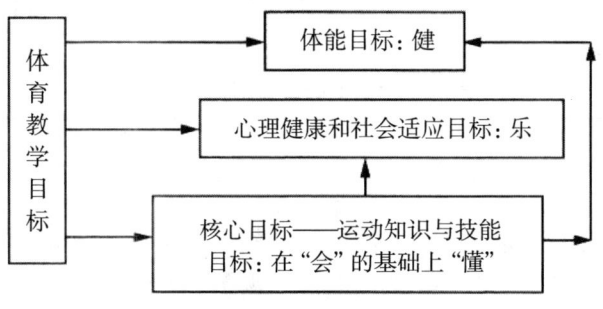

图3-1 体育教学目标的分类

三、体育教学目标的分类

一般的,体育教学目标的分类主要涉及以下三个方面,其中,不同目标所用到的行为动词是不同的。

(一)认知领域目标

按照从简单到复杂的顺序,可以将体育教学中认知领域的教学目标大致分为知识、领会、运用、分析、综合、评价六个层次。其中,后五个层次属于理智能力和理智技能(表3-2)。

---

① 李启迪,邵伟德.体育教学基本理论研究[M].北京:北京师范大学出版社,2014.

表 3-2　认知领域的教学目标分类

层次	行为动词
1. 知识	界定、描述、指出、列举、选择、说明
2. 领会	转换、区别、估计、解释、归纳、猜测
3. 应用	改变、计算、示范、发现、操作、解答
4. 分析	关联、选择、细述理由、分辨好坏
5. 综合	联合、创造、归纳、组成、重建、总结
6. 评价	鉴别、比较、结论、对比、检讨、证明

（二）情感领域目标

按照价值内化的程度，可以将体育教学中情感领域的教学目标分为接受、反应、价值评价、组织、由价值或价值符合体形成的个性化五个具体类别或者说五个层次（表 3-3）。

表 3-3　情感领域的教学目标分类

层次	行为动词
1. 接受	把握、发问、描述、命名、点出
2. 反应	标明、表现、遵守、讨论、呈现、帮助
3. 价值评价	邀请、验证、完成、阅读、报告、分享
4. 组织	坚持、安排、修饰、比较、准备、关联
5. 由价值或价值符合体形成的个性化	建立、分辨、倾听、实践、提议、品质

（三）动作技能领域目标

一般的，对体育教学中动作技能领域的教学目标进行分类，往往可以分为七个具体类别或者说七个层次，即知觉、定势、指导下的反应、机制、复杂的外显反应、适应、创作（表 3-4）。

表 3-4　动作技能领域的教学目标分类

层次	行为动词
1. 知觉	描述、使用、抄写、理解、解释
2. 定势	选择、建立、安置
3. 指导下的反应	制作、复制、混合、依从、建立

续表

层次	行为动词
4. 机制	操作、练习、变换、固定、修理
5. 复杂的外显反应	组合、修缮、专精、解决、折叠
6. 适应	改正、计算、示范
7. 创作	设计、发展、创造、筹划、编辑

四、体育教学目标的特点

体育教学目标所具有的特点,可以大致归纳为以下几点。

(一)导向性

体育教学活动的开展,通常都是在体育教学目标的指引下进行的,可以说,体育教学目标对于体育教学的开展与实施具有方向上的引导性作用,这也会在一定程度上对教学设计、教学过程的组织与实施、教学评价等产生影响。

通常,如果教学目标定位具有一定的合理性、教学活动与教学目标趋于一致,那么,体育教学的效果通常就会比较理想;但是,如果教学目标与客观实际不相符,那么,以此为指向的教学活动所产生的结果的理想程度就相对低一些。因此,这就要求一定要对体育教学目标的导向性特点加以重视。

(二)系统性

体育教学目标本身就是作为一个整体存在的,但是,分析得知,其也是由很多方面构成的,比如,主要的认知目标、技能目标、情意目标、品格目标、能力目标和方法目标等。这些不同的目标在实现的时间和程度方面也是各不相同的,但是,它们对体育教学目标的实现都会产生影响,只不过影响的程度会有差异。这些目标特色各异,各具优势,并且这些优势能够互补,因此,能够使体育教学中学生身心发展的全面性得到有力的保证。由此可以得知,组成体育教学目标系统的各具体目标都是彼此之间存在着一定的联系的,在实践各具体教学目标时它们的有机联系和相互促进能够使体育教学达到预期的理想效果得到有效的保障。

（三）层次性

一方面，体育教学目标并不是一下子就能实现的，其具有一个过程，这一过程具有渐进性的特点。一般来说，较高层次目标通过分解和具体化，能够逐渐生成一些较低层次的目标，同时，较高目标的阶段目标也可以是较低层次的目标，除此之外，较低层次的目标往往是较高层次的目标的基础或手段。

另一方面，教学目标与学段之间也有着密切的关系，体育教学在学校教育中是自始至终得以贯穿的，它所面对的是多个学段的学生，由此可以看出，具体的教学目标会由于教学对象的不同而存在一定的差异性。这也就赋予了体育教学目标一定的层次性特点。

（四）可行性

体育教学目标的特点清晰、明确、具体、可行等，这与体育教学目的是有着显著差别的，而体育教学目标的这些特点，对于在教学实践中顺利达成是有所助益的。因此，这就要求在制定体育教学目标时，一定要遵循与实际相符的原则，过高或者过低都不可取，这对于教师和学生顺利接受教学目标是有所助益的。

（五）灵活性

体育教学目标是对体育教学起到导向作用的，而体育教学活动的开展是会随着各种因素的变化而发生相应变化的，因此，体育教学目标也要随之进行相应的调整，因此，这就要求体育教学目标的制定和调整都要灵活。另一方面，体育教学目标并不是制定出来就固定不变了的，而且可以以校、班、课的不同而制宜的，由教师以体育教学的实际情况为依据来有针对性和目的性地进行调整，内容和要求方面都会存在着一定的弹性，这对于灵活掌握，获得最佳的教学效果都是非常有利的。

（六）共同性

在体育教学中，体育教学目标针对的是处于主体地位的学生，可以说，其是教与学双方合作实现的共同目标，只有师生之间达成共识，体育教学目标的顺利实现才有可能。另外，还需要强调的是，体育教学目标最终是要落实到教师的教学活动所引起学生的行为变化上的。

第三章 体质健康视角下体育教学目标的设置

五、体育教学目标的功能

体育教学目标的功能可以大致归纳为以下几点。

（一）定向功能

体育教学目标不仅能够积极引导体育教学活动的开展，还能制约体育教学结果。体育教师在确定课时教学目标，或者在设计教学活动、组织教学时，都要参照课程教学目标这一重要依据来进行。同时，体育教学目标会对体育教学系统的设计方向、体育教学的具体实施方法与程序产生重要的决定性影响。由此可以得知，要想使教师明确自己要教什么，使学生明白自己要学什么，将体育课程教学目标明确下来是首要任务。

（二）控制功能

体育教师在体育教学中的行为也会对体育教学的顺利开展以及教学效果产生影响，因此，这就要求体育教师要控制并修正自己的教学行为，同时，还需要将体育教学目标作为重要的参考标准。体育教学活动具有显著的动态性特点，体育课堂教学是在不断变化中进行的，这就要求体育教师一定要对此加以重视。

教师在体育教学目标的导引下，能够获得一定的反馈信息，这对于有针对性地及时调整体育教学活动中所出现的偏差是有所帮助的。通常来说，明确的体育教学目标能对整个体育教学活动起到良好的控制作用。对体育教学的相关主体来说，体育教学目标往往是作为一种约束力量而存在的，其能够将各方面力量凝聚起来，为共同的目标而奋进。从某种意义上来说，只要将体育教学目标明确地制定出来，体育教师就可以据此将各种反馈的方法运用在体育教学过程中了。[1]

（三）激励功能

在将体育教学目标确定下来之后，就能够在此基础上将学生的学习积极性和学习动力激发出来，使学生实现目标的需求与渴望能够得以产生，从简单意义上来说，体育教学目标能够将学生体育学习动机有效激发

---

[1] 王燕. 多学科理论下学校体育课程体系的建设与发展研究[M]. 北京：中国书籍出版社，2019.

出来,这也就赋予了其显著的激励功能。

体育教学目标激励功能的发挥,并不是凭空就能实现的,其是需要具备相应条件的,首先,要对学生的需要加以了解,并且以此为依据,来将教学目标确定下来,从而使学生对自己通过努力可以达到目标的这一现象有所了解和认识,由此来更好地将学生的学习动机和学习兴趣激发出来。

(四)评价功能

在进行体育教学评价时,体育教学目标这一重要组成部分就必不可少,因此,先明确教学目标是非常重要且必要的,在这样的基础上科学评价才能得以进行。从某种程度上来说,体育教学目标是对教学结果的预先规定,在测量、检查和评价体育教学活动是否成功、有效进行时,往往是以教学目标作为评价尺度或标准而进行的。

通常,体育教学是作为一种活动或者系统而存在的,具有一定的顺序性和完成性特点,其构成因素也有很多,其中,体育教学活动的测量和评价是处于关键性地位的,而这都是要以所制定的教学目标为依据而进行的。体育教学目标是对具体的体育教学行为表现的描述,能够为体育课程教学评价提供科学的依据。需要强调的是,体育教学目标必须全面、具体和可测量,如此才能以此为依据来对学生的学习成果进行检验,从而使测验的效度、信度有所提升。

第二节 体育教学目标的合理编制

一、体育课堂教学目标的编制

体育课堂教学目标,就是指课堂教学要达到的预期的学习结果。

体育课堂教学目标是体育教学目标的具体化体现,只有很好地完成了体育课堂教学目标,体育教学目标才有可能实现。

(一)体育课堂教学目标的确定依据

要将体育课堂教学目标确定下来,需要遵循的依据有两个方面,一个是理论依据,一个是实践依据。

第三章　体质健康视角下体育教学目标的设置

1. 理论依据：体育与健康课程标准

社会在发展，为与之相适应，教育事业也需要进行改革和发展。改革开放以来，基础教育课程建设取得了可喜成绩，但是，时代发展迅速，原有的基础教育课程已不能完全满足社会发展的需要。为此，教育部将大力推进基础教育课程改革，调整和改革基础教育的课程体系、结构和内容，构建符合素质教育要求的新的基础教育课程体系的要求提了出来，同时，还颁布和推行了《体育与健康课程标准》。课程标准不仅将国家对不同阶段的学生在知识与技能、过程与方法、情感态度与价值观等方面的基本要求体现了出来，同时，还对体育课程的性质、目标、内容框架进行了明确规定，并将相应的教学与评价建议提了出来。从大量的实践中得知，体育课程标准已经成为当前我国教师进行体育课堂教学目标设计的重要理论依据。

2. 实践依据：分析学习需求

某种程度上，课堂教学目标，也可以理解为课程目标及单元目标的分解，新课程标准从课程目标的角度对不同阶段的学生提出了统一的要求。体育教师在进行体育课堂教学目标的设计时，只对新课程标准的要求进行考量是不够的，还要以具体的教学对象为出发点，对其学习需求加以分析。学习需求就是指学习者学习的目前状况与期望达到的状况之间的差距。在体育教学过程中，学生是教学活动的主体，忽视学情分析，会使教学"无的放矢"，缺乏针对性。因此，分析学习需求就成为确定体育课堂教学目标的重要实践依据。

（二）编制体育课堂教学目标的原则

编制体育课堂教学目标，仅仅按照科学的理论和实践依据进行是不够的，还需要遵循一些基本原则，比如以下这些。

1. 整体性原则

编制体育课堂教学目标，首先，要对体育课程目标和体育教学目标有一个全面的认识和把控，从整体出发，将学校教育目标和体育课程目标的总体要求反映出来，同时，也要将一般与具体的关系处理好，从而保证所编制的体育课堂教学目标的整体性效果是理想的。

2. 科学性原则

体育课堂教学目标的科学性在整体上都有所体现，具体来说，尤其在以下几个方面得到突出体现。

(1)要将体育学科的特点突出出来。

(2)要与教育的规律和学生身心发展的规律相符。

(3)要参照教材的特点这一重要依据,并且将重点和难点突出出来。

(4)要保证其具体性、可操作性。

(5)难度不能太大,也不能太小,适中即可。

3. 灵活性原则

关于体育课堂教学目标设立要遵循难度适中的科学性原则,但是,这并不是绝对的,因为,体育课堂教学中的教学对象是学生,他们存在着个体间的差异性特点,这种差异性也体现在学生的体育基础和运动能力灵活性原则上。具体来说,这种灵活性要求教师要尽可能地将教材按照难度设立不同等级,并以每个学生的实际水平为依据来将其应达到的相应等级明确下来。

4. 可测评性原则

这里要强调的是,所编制的体育课堂教学目标不能是笼统的、模糊不清的,否则就失去了确定的意义,具体来说,应该是较为具体的、明确的,并且能够通过一定的内容和方式进行比较客观的评价和检测的,这样才能在教学效果上有所反映,也才能为体育教学目标的确定提供反馈和依据。

(三)体育课堂教学目标的构成要素及编制方法

一个完整、规范的体育课堂教学目标的构成要素主要有四个:行为主体、行为动词、行为条件、表现程度。对于不同的要素,在具体的编制时所用到的方法也不同,具体如下。

1. 行为主体

体育课堂教学目标的行为主体,就是教学对象,也就是所谓的学生。体育课堂教学目标需要对学生的行为进行描述,并且始终围绕着学生来进行编制。

具体来说,对学生这一行为主体的表述,通常应该明确说明教学对象的构成。在具体措施上,应从学生的角度来叙写,正确的表述应该是"学生应该……"或者"学生能够……"等。

第三章　体质健康视角下体育教学目标的设置

2. 行为动词

行为动词,主要用来对学生所形成的可观察、可测量的具体行为进行表述,简单来说,就是学生在学习后,能够达到的水平。

体育课堂教学目标中的行为动词的表述会产生重要的导向作用,因此,在编制体育课堂教学目标时一定要准确做好行为动词的表述,这一点至关重要。

一般来说,行为动词可以大致分为以下几类。

（1）认识类行为动词,如指出、知道、了解、理解等。

（2）动作技能类行为动词,如模仿、练习运用、熟练使用、改编、创造等。

（3）情意类行为动词,如注意、接受、同意、遵守、服从等。

（4）身体素质类行为动词,如提高、改进、发展等。

在体育课堂教学目标编制过程中选择行为动词时,一定要尽可能达到标准化、具体化的要求。

3. 行为条件

行为条件,就是指对学生学习结果产生影响的特定限制或范围等。对行为条件的表述,体育教学中常用的有如下几种。

（1）时间和速度因素,如"在6分钟内,跑完1500米"。

（2）环境因素,包括对学习空间和地点的限制,如"在肋木上完成……"

（3）作业条件因素,包括对器材的重量和高度的规定,如"用4公斤的实心球前、后抛"或"跳过1.2米高的横竿",以及允许或不允许使用器材与辅助手段等,如"在同学的保护帮助下跳过山羊"等。[1]

（4）教学组织形式因素,如"个人独立完成",或"小组集体完成"等。

（5）信息因素,包括是否给学生提供相关的资料、图表、书籍等,如"给出一幅人体解剖图,能说出……"

（6）完成行为的情景,如"在课堂讨论时,能讲述……"等。

4. 表现程度

表现程度,就是指学生对目标所要达到的最低表现水准或标准,其可以作为重要指标来对学生的表现或学习结果所达到的程度进行评价。通常,表现程度的表述采用的往往是定量的指标或者标准,如"至少完成5

---

[1] 邓星华,谭华. 新编体育教学论[M]. 上海:华东师范大学出版社,2008.

次立定跳远",或"90％都正确"等。相较于其他领域,对情意类目标表现程度的表述要更加困难一些,作业化和具体化的难度也比较大,因此,为了便于包含较复杂的、高层次的情意行为,通常会采用定性的语言。但是有一点要注意,就是要尽可能用通过教育观察可以做出判断的语言来表述学生内心情感的变化,抽象的语言要尽量少用或者不用。

二、体育教学中运动知识与技能目标的编制

体育教学目标中,最为核心的目标就是运动技能目标,这一点是毋庸置疑的,但是,要想获得运动技能,需要两个基本步骤:一个是运动技术知识的传习;另一个是运动的实践练习。需要强调的是,前一个知识的传习是贯彻到运动技术整个学习、练习之中的传习,与传统教学知识传习是不同的,因此,一定要将运动技术教学包含其中,否则,运动理论知识学习的现实性和实质性就不存在了。

体育教学中运动技能目标的编制方法,这里大致归纳一下基本的逻辑步骤:(学生)谁?——(行为)在做什么?——(条件)在什么条件下做?——(集体人数)多少学生?——(标准)这些学生能达到的最低合格标准——行为完成得如何?

接下来,需要根据运动技术的难易程度来选择相应的标准。如果是比较容易的运动技术,通常采用定量评价指标。如果是较难的运动技术则需要运用单元教学各课次的具体技术要求来评定。对于整个过程的评价,有两个不同含义的评判目标:一是技术上的评定;二是运动成绩上的评定。

一般的,体育教学中运动技能目标的表述可以参照表3-5来进行。

表3-5 运动知识与技能目标(学会与学懂)表述[①]

运动知识与技能目标	A	B	C	C	D
书面表达	个体	行为	条件	群体	标准
通俗说法	谁	在做什么	什么情况	多少人	做得怎样
运动知识目标:学"懂"					
运动技能目标:学"会"					
运动知识与技能最终目标——"会而懂"					

---

① 李启迪,邵伟德.体育教学基本理论研究[M].北京:北京师范大学出版社,2014.

第三章　体质健康视角下体育教学目标的设置

三、体育教学中心理健康与社会适应目标的编制

（一）体育教学中心理健康目标的编制

1. 心理健康目标的基本认识

（1）心理健康目标应该以定性描述为主，因为心理健康属于态度或情感方面的非行为目标。

（2）心理健康包含心理过程（学习注意力、学习思维、学习记忆、学习情绪、意志力等）与心理品质（兴趣、爱好、态度、世界观、性格、气质等）两部分内容。

2. 编写心理健康目标的基本策略

（1）要与具体的体育教学内容相对应。要对运动项目的特征有较为深入的了解。

（2）将具体的体育教学内容与学生心理健康的结合点找出来。

（3）应与单元教学中的某一次课相对应、与具体运动技术要求相对应。

（4）应在教学设计中将具体的实施途径与方法体现出来。

（二）体育教学中社会适应目标的编制

1. 社会适应目标的基本认识

社会适应目标属于态度或情感方面的非行为目标，因此，该方面的目标以定性描述为主。在课堂教学中，学生之间、师生之间有着多方的接触与联系，体育活动的外显性也一定会影响到学生之间的交往，这是班级授课制的一个方面的内涵，同时运动项目的特性也会影响到学生社会交往。

2. 编写社会适应目标的策略

（1）应与具体的教学内容相对应，即要对运动项目的特征加以了解。

（2）应与单元教学中的某一次课相对应，即要与运动技术要求相对应。

（3）要有一个比较明确、简洁而能达成的目标。

（4）课中安排的教学设计应有相关的社会适应的教学情境。

四、体育教学中体能目标的编制

(一)体能目标的基本认识

由于体能目标是一个生理学方面的内容,难以测量与评价,因此,其既非态度与情感等非行为目标,也难以归属为行为目标,对其的表述采用的通常是模糊方式。

(二)体能目标编制的基本策略

(1)要对具体的教学内容和四肢或躯干活动的频率加以了解,做到目标具体、明确并具有针对性。
(2)对学生的身体差异性加以关注,在实践过程中照顾体弱学生。
(3)对教学内容与发展学生身体之间的关联性加以了解(表 3-6)。

表 3-6 运动项目和身体素质的关联与体能发展的主要目标

	耐力型运动项目	速度型运动项目	力量型运动项目	灵敏型运动项目	柔韧型运动项目
项目举例	1500 米	50 米、100 米	投掷实心球	乒乓球	燕式平衡
主要发展体能	有氧代谢能力	无氧代谢能力	肌肉力量	身体灵巧性	身体柔韧性
小学	活动项目——运动技术要求较低的走、跑、跳跃、投掷、悬垂支撑、攀登爬越、负重等 发展的主要体能——以发展学生身体基本活动能力为主					
项目举例	无	中等强度的短距离跑、跳	抛、掷、投等活动	技术要求较低的球类活动	技巧等
主要发展体能	不宜	跑、跳	投掷	攀爬	身体协调
初中以上	活动项目——运动技术要求较高的各类运动项目 发展的主要体能——力量、速度、灵敏、耐力、柔韧				
项目举例	1000 米、1500 米	短距离快速跑	投掷、负重	球类活动	各类体操活动
主要发展体能	有氧代谢能力	无氧代谢能力	肌肉力量、肌肉耐力、爆发力等	灵敏、协调、力量、肌肉耐力等素质	柔韧、协调

第三节　体育教学目标的优化与发展

一、体育教学目标的优化策略

优化体育教学目标,需要从以下三个方面着手进行,采用的优化策略也各不相同。

(一)优化学校体育规章制度

从某种意义上来说,社会对学校体育课程的要求,既是学校体育课程改革的基础,同时也是学校体育改革的落脚点,保证社会科学发展和推动学校体育课程实施效果的必要中间环节。

学校体育课程的实施,不仅需要教师与学生的参与,还需要一定的制度保障,即必要的体育规章制度。可以说,学校体育规章制度的完善程度,在一定程度上决定着学校体育课程实施的顺利与否,也会对其最终的教学效果产生重要影响。某种程度上来说,体育规章制度是学校体育教学环境的重要组成部分,加强对学校体育课程环境的优化,实现学生的全面发展,是优化教育实践、提高体育教学价值实现的基本途径。

(二)强化人才观念的全面性和科学性

对于学校体育教育实施、课程目标来说,人才培养目标是作为起到关键作用的决定性因素存在的,其在培养创新型、综合型人才方面所起到的作用非常显著,为此,要做到两点:一方面,国家决策层面上,要做到提高素质教育的力度;另一方面,学校、家长、社会也要做好树立全面人才观念的工作。另外还需要强调的是,学校体育教学的规划、学校体育的培养目标,都要与体育教学标准相适应。

随着时代的不断发展,我国的学校体育教育制度、学校体育教学改革也逐渐推进,新的学校体育教学改革也逐渐推进。标准提出了以"健康第一"作为实施素质教育的指导思想的要求,以提高学生身心素质、增强学生的创新意识和实践能力为出发点,对学生的综合能力的发展起到促进作用。但是,因为我国的升学考试机制、人才选拔机制、单位用人制度等的差异,大部分学校仍将学生掌握知识的多少作为考试成绩的依据,使得学校体育教学的目标和过程,很难对学生能力的提升起到全面有效的促进作用。

(三)提高学校体育课程管理的水平

要想使学校体育教学的实施得以顺利进行,并且还要保证教学实施的效果,就必须加强对体育教学的管理,这也是学校体育教学系统运转的重要保障。

一般的,学校体育教学管理系统包含各个相关机构,比如,体育教学决策机构、体育教学实施机构、学校体育教学监督机构、体育教学的反馈机构等。其中,学校体育教学的决策机构,是在体育教学计划、体育教学标准的相关要求的指导下,制定的学校体育教学的实施规划、学校体育教学的培养目标、学校体育教学的实施执行等,从而有效保证学校体育教学规划、学校体育教学的培养目标落实到个人,对学生的全面发展起到积极的促进作用。[①]

二、体育教学目标的发展要求

对于体育教学目标来说,其要获得进一步的发展,要满足几个基本要求,具体如下。

(一)要使社会对高素质人才的需求得到满足

随着社会的迅速发展,对高素质人才的需求量大大增加,这在各行各业中都有所体现,已经成为社会性的重要问题。这里所说的高素质人才,就是拥有扎实的知识基础、优秀的创新能力与执行能力且必须具备优秀的道德品质的综合性人才。对于体育教学来说,这种高素质人才也是其需求的,因此,这就要求在制定和完善体育教学目标时,一定要将社会对人才的需求与教学目标进行有机结合,突出对学生能力以及素质的培养,通过科学、合理的体育教学目标的制定与完善,有针对性地促使学生德、智、体、美、劳全面发展,使其成为未来社会发展的中坚力量。

---

① 彭三鹰.教育创新与体育教学目标的优化研究[J].体育科技文献通报,2012(10):77-81.

第三章 体质健康视角下体育教学目标的设置

(二)培养学生终身体育意识,与素质教育相适应

尽管当前社会、经济的发展已经日新月异,青少年的娱乐方式也越来越多元化,但也正是因为如此,使得越来越多的青少年学生将娱乐放在了电子产品上,而走出房间、走向户外的运动时间却大大减少,这也是青少年学生整体体质水平下降的一个重要原因。另一方面,传统的教学方法与目标对学生的兴趣与需求关注较少,教师更多的是对学生进行枯燥单一的体能训练,由此,很多学生会对体育教学活动产生不同程度的抵触心理,在这样的状况下,即便学生走向社会,其在体育运动方面的抵触心理仍然会存在,这对于学生终身体育以及综合素质、身体健康都是非常不利的。因此,在制定和完善体育教学目标时,要将学生的兴趣爱好与之进行融合,注重培养学生的兴趣与自主锻炼能力,为终身体育意识的形成打下良好的基础。

(三)要使青少年学生体育方面的需求得到满足

处于青少年时期的学生,是体育教学的主体,体育教学目标的制定与完善一定要与学生的身心发展特点相符,并且能将学生的学习兴趣激发出来,在此基础上所制定和完善的体育教学目标的科学性和可行性才更加显著。

随着素质教育的不断推进与实施,学生对体育的需求也得到进一步的拓展,不仅仅局限于升学分数和强身健体,体育教学活动也逐渐成为学生休闲、娱乐以及同学之间交流的重要途径,因此,在制定和完善体育教学目标时,要求体育教师要在适当增加体育教学活动娱乐性、互动性等方面进行充分考量,从而使学生对体育活动多元化的需求得到较好满足。

(四)要将体育教学的功能性最大程度地开发出来

体育教学本身所具有的功能性是多元化的,比如,强身健体、娱乐、缓释压力等方面。素质教育在我国实施的时间还比较短,但是,其所产生的作用和意义却是非常重大的。另一方面,学生家长大多对学生寄予厚望,课余时间帮孩子安排各类辅导班,"善意"地剥夺了学生本就不多的自由时间,因此,体育课就成了孩子们难得的放松及舒缓学习压力的机会。除此之外,体育教学的功能性还表现为教育性、社会化等,需要强调的是,这些功能是隐藏着的,具有隐匿性特点,因此,需要通过合理的途径将这些功能挖掘出来,而体育教学目标的制定与发展就是有效途径之一,通过有

目的性的挖掘,将体育教学的多种功能充分开发出来。

(五)使体育成为学生释放压力的重要途径

对于学生来说,文化课的压力非常大,而体育课则成为学生舒缓压力的重要途径之一。这就需要保证体育教学目标的设计必须是科学的、合理的,否则,不但无法将其舒缓压力的功能完全发挥出来,还有可能起到相反的作用。因此,体育教学目标制定和完善时,要注重达成体育教学目标的过程是否具有足够的趣味性,能否激发学生的学习兴趣使学生全身心投入到体育教学活动中,从而在学习体育知识与技能的同时不知不觉起到释放压力的作用。①

三、体育教学目标的发展与充实

体育教学目标目前的发展已经较为理想,但是,随着体育教学目标的进一步发展,其也有着更好的发展前景,尤其在健康方面,具体表现在以下几个方面。

(一)要将养生纳入到体育教学目标中

当前社会发展迅速,人们的物质生活水平已经得到了极大的改善和提高,但是,这并不是所有的结果,还有一些负面影响,比如,生活、工作的压力大,人们的心理负担加重,亚健康人群比例越来越大;现代疾病比例扩大等。尽管体育具有增进健康的作用,但是,仍有非常大的局限性存在。

对于现代疾病,体育的预防和治疗在针对性上是比较欠缺的,其主要功能仍然体现在速度、力量、耐力、柔韧等身体素质的强壮上,要想将其对现代疾病的预防和治疗功能挖掘出来,需要从养生方面入手。传统体育养生讲求心静、气和、阴阳平衡、体态自若,它追求健康长寿而不为强壮,感受对生命的敬畏,最终培养人习常性保持机体动态平衡的意识,这一点与现代体育是有显著差别的。体育养生是历经千百年的锤炼和无数先辈的心血打造出来的,它来源于人民,也必将在人民的实际生活中发挥巨大作用,在现实中被推动和发展。②把传统体育养生文化全面融入到体育教

---

① 杨正亚.简析高中体育教学目标的设计与发展[J].青少年体育,2013(05):103-104.
② 郝牡清,毛丽儿.从社会学角度分析体育教学目标的发展趋势[J].运动,2011(05):100-101+91.

第三章　体质健康视角下体育教学目标的设置

学目标中,不仅能使学校体育课的内容得到丰富和充实,还能使民族文化得到弘扬,对于普及全民健身,使学生更懂得科学保健都是非常有利的。

(二)要将饮食营养纳入到体育教学目标中

"生命在于运动",这就将体育运动对人的生命和健康的重要性体现了出来。通过体育锻炼,能够有效促进健康,而合理的饮食营养又有效保证了体育锻炼的顺利进行和良好效果。可以说,合理的饮食营养是人体生长发育的物质基础,体育锻炼则是增强人体技能的有效手段。由此可见,合理的饮食营养和体育锻炼两者之间是相辅相成的关系。

学校开设体育课程,这对于学生体质健康的增进是有帮助的,但只有这样是远远不够的,还要重视合理的饮食营养,这也是体育教学目标发展的一个重要方向,这与现代社会发展潮流是相适应的,对于我国青少年学生体质的整体性增强也有着重要意义。

(三)要将养成良好的生活习惯纳入到体育教学目标中

当前,在政治、经济、科学技术发展的推动下,人们的生活水平大大提升,随之而来的,还有各种现代疾病,较为突出的是肥胖症。体育活动是减肥健身的一个有效途径。

目前,各大城市中,健身房成为人们健身运动的重要场所,其发展也是具有广泛性特点,其中,健身房中开设的项目越来越丰富,比如健美操、形体训练,各种器械训练等,花钱练健美买健康已经成为社会潮流,体育已成为人们生活的一部分。良好的习惯对于身体健康是有着持续性意义的。设想一下,如果从小养成良好的习惯,那么,这些现代疾病的发生几率就会大大降低,因此,从小就培养良好的体育运动习惯至关重要。而要做到这一点,对于体育教学来说,就需要强调学生亲自参加体育锻炼。培养学生对体育的兴趣和爱好,并养成体育锻炼的习惯,是体育教学成果的一个重要标志,而且在体育教学过程中,培养学生良好的锻炼习惯,对提高教学效果,促进学生身心健康的发展有着重要的意义。[①] 因此,体育教学中,应重视培养学生良好的锻炼习惯。这就要求在今后的体育教学目标的发展过程中,一定要将养成良好的生活习惯作为其发展的一个重要方向。

---

① 郝牡清,毛丽儿.从社会学角度分析体育教学目标的发展趋势[J].运动,2011(05):100-101+91.

第四节 以体质健康为体育教学目标的探讨

一、体质健康是体育教学中的重点

体育教师作为体育教学工作中的主导者和实施者,必须要坚持素质化理念,将学生健康成长作为教学的最高目标要求,尤其是在体质健康方面。在体育教学工作中将学生的生长发育和体质健康作为关注的重点,为他们的全面发展创造良好条件。

具体来说,学生的体质健康是体育教学的重要内容之一,是被高度关注的重点,具体体现在以下几个方面。

(一)对锻炼学生良好体质的重视

身体是革命的本钱,对于学生来说,身体就是学习的本钱,拥有健康的体魄是学生未来发展的重要基础。体育教学中,教师一定要将学生健康体质的锻炼作为关注的重点,让学生从小养成锻炼的习惯,科学的开展锻炼。具体可以从以下三个方面着手。

第一,学生要坚持参与到体育运动锻炼中去,将体育锻炼作为生活中必不可少的组成部分,每天坚持运动,从而使自身的体质得到增强,与此同时,还能起到减肥的效果。

第二,要根据学生的实际情况,教师给予学生相应的科学锻炼指导,并且制定适合每个学生的锻炼方式,其中要涉及锻炼的时间、锻炼的运动量、锻炼的方法等各个方面。每个人都有自己的个性特点,制定针对性的锻炼计划,可以更好地促进学生锻炼身体,从而达到增强体质的效果。

第三,在体育教学过程中,还要做好学生健康知识的普及工作,主要涉及科学饮食,食物搭配、作息时间等方面,通过这些科学的养生方法和生活习惯培养,为学生的体质增强提供了良好的辅助作用。

(二)对培养良好行为习惯的重视

学生天性活泼,他们希望无拘无束地生活,但是学习纪律对学生提出了更高的要求。体育教学中,教师要针对教学目标要求以及学生的身心发展特点,在教学过程中逐渐渗透纪律教育,强化卫生知识普及,培养他

第三章　体质健康视角下体育教学目标的设置

们良好的行为习惯。

比如,学生要严格遵守体育课堂教学中的各项规定,养成遵章守纪的良好习惯;在体育教学中,教师要指导学生养成健康的卫生习惯等。这些卫生习惯的养成能够使学生逐渐重视自己的品行习惯,这也能够在一定程度上促进学生的健康成长。另外,在体育教学过程中,教师还要注重培养学生勤于动手的习惯,平时主动搬运体育器材,主动做一些力所能及的事情,通过这些细节培养学生良好的行为习惯,这些方面对学生的健康成长具有潜移默化的熏陶作用。①

二、增强体育教学促进体质健康的措施

在体育教学过程中,要想将其促进学生体质健康的功能挖掘出来,需要采取一定的措施,可以借鉴以下几点建议。

(一)转变教学目标,与学生的身心健康发展相契合

这里所说的体质健康,并不单指没有疾病、身体不虚弱,健康指的是身体、心理的健康发展,因此,契合学生的身心健康发展才是科学可行的体育教学目标,这就需要转变以往以提升成绩为主的教学目标,将增强学生体质作为主要教学目标进行教学。

在体育课堂教学过程中,教师首先要将一些基本的体育知识、运动技能、体育常识等传授给学生,使其能接受良好的知识技能教育,让学生具备基本的体育文化素养;其次,教师要将增强体质的教学作为体育教学的重点,让学生在体育课堂中,在体育理论知识的指导下参与到实践中,并在实践中达到提升自身身体素质的目的。

(二)加大对体育教学的重视度,保证充足的体育教学课时

对于大部分的学校来说,毋庸置疑地都将文化课作为教学的重中之重,而体育课则成为可有可无的课程,因此,这就导致了一种普遍的现象存在,即文化课教师经常性地占据体育课的时间,这就大大剥夺了学生参与体育运动锻炼、增强体质健康的机会。

学生本来就有着非常重的学习任务,必须有良好的体质健康作为保证,教师也应该将学生身体素质的提升作为主要职责。因此,从教师的角

---

① 洪爱华.学生健康成长当成为体育教学的目标追求[J].吉林教育,2016(29):36.

度出发,必须提高对体育教学的重视度,以自己的态度影响学生的态度,保证体育教学的课时,不能让语文课、数学课、英语课、物理课等文化课来取代体育课,要让体育课将其在体质健康促进方面的作用充分发挥出来。[①]

除此之外,社会可以从法律上来保证体育课时,教育局可以根据学生的身心发展情况针对体育课的课时数进行明确规定,然后加强法律的监督力度,强制性实施体育教学,依靠法律保证学生的体育锻炼,让学生能有充足的体育活动时间来减轻学生的学习负担,进而达到增强学生体质的目的。

(三)在学生兴趣的引导下,改变体育教学模式

当前,体育课堂教学存在着一些问题,比如,体育教学课堂效率不高,学生对体育教学的态度较为敷衍,参与体育锻炼的积极性和主动性不高;又如,在老师进行体育技能以及注意事项讲解时不认真听,存在着眼高手低的问题,根本不用花费时间学习;再如,学生对教师课堂进行的体育项目不感兴趣,自己感兴趣的体育项目,学校并不开设教学课堂,从而导致学生经常旷课,体育教学效率并不高,学生无法在体育课堂上达到提高体质健康的目的。

某种程度上来说,学生的兴趣对学生体育课堂效率产生决定性的影响,因此,对于学校来说,可以实行体育选修制,开设不同的、多样的体育项目课堂,让学生根据自己的兴趣进行选修。学生根据自己兴趣选择的项目,一定会认真学习。这样不仅能提升学生的课堂学习效率,而且也有助于学生发展兴趣,缓解压力。[②]

三、促进体质健康的体育教学目标改革

对于体育教学来说,促进学生体质健康,是学校体育教学的终极目标,也是其改革的必然要求。

(一)体育教学以促进学生体质健康为目标的改革必要性

在学校教学过程中,由于受到办学性质等种种因素的影响和制约,大部分学校对学生各种相关专业知识以及专业技能的教育和培养是非常重

---

① 郑曹杰.以增强体质健康为目标探索初中体育教学[J].田径,2020(02):69-70.
② 同上.

第三章 体质健康视角下体育教学目标的设置

视的。但是,却忽视体育教学的本质功能,缺少对学生体质健康的足够关注。很多学校存在着对体质健康对于学生的重要性的认识不够全面和深入的问题,同时,与其相对应的体育教学体系的完善程度也比较低。在体育教学课时安排和教学内容涉及、教学方法应用等方面也都普遍存在着一些不足之处,比如,运动量不足、教学缺少针对性、考核模式不够科学等。这些都会对学生参与体育锻炼的积极性,以及最终的体育教学效果产生直接影响,还会对学生体质健康水平的提升产生较为不利的影响。

针对这些情况,需要以不断促进学生体质健康为出发点,积极对现有的体育教学进行改革。以促进学生体质健康为目标,并且有机结合学生的实际情况和健康需求等,对教学内容进行科学安排,并做好科学的体育教学设计等,从而使学生的体质健康水平得到有效提升,促进学生的全面快速发展。

(二)以体质健康为目标的体育教学改革措施

从上述体育教学促进学校体质健康这一目标的实际情况中可以发现,对体育教学目标改革已经成为一种必然,具体可以采取的有效改革措施主要有以下几个方面。

1. 树立健康思想,合理安排运动量

对于学校来说,在体育教学过程中,一定要对学生的体质健康问题提高重视,并且还要树立起"健康第一"的体育教学思想。为了能够使学生的体质健康得到进一步增强,提高学生健康水平,还要有意识地对学生的体育锻炼进行积极的引导和指导,使学生能够积极参与到体育运动锻炼中去。通过增添学生感兴趣的教学内容,创新教学模式等方式,不断激发起学生参与各种体育锻炼的积极性。同时,帮助其养成良好的日常锻炼习惯,进而将体育运动锻炼的多功能性特点充分体现出来,切实落实增强学生体质健康的有效举措。

另外,在体育教学中,要想取得理想的教学效果,必须要有足够的运动量作保证,才能达到促进学生身体素质的目的。但是实际情况是,当前很多学校的体育课上,一些运动量很小的锻炼项目通常作为主要教学内容。学生在锻炼的时候,往往兴趣不高,也缺乏积极主动的锻炼意识,只是敷衍了事,根本起不到增强体质健康的作用。为此,在进行改革的过程中,还需要针对学生的体能和耐力、身体素质情况等,合理地进行教学运动量设计,以切实保证教学效果,增强学生的体质健康水平。

2. 结合学生体质进行个性化教学

每个学生都有其个性化特点,因此,这就赋予了其个体差异性,受此影响,不同学生在体质健康水平方面也会存在着一定的差异。为更好地提高体育教学效果,增强学生体质,在改革体育教学过程中,一定要与不同学生的实际情况相结合,进行科学合理的教学安排。在具体的体育教学过程中,注意针对不同学生体质水平和健康状态,合理开展个性化的教学。

从体育教师的角度来说,首先,要对学生的各方面资料进行收集,并保证其全面性,然后进行汇总分析。其次,还要通过走访和问卷调查等多种方式,来对不同学生在体育锻炼方面的兴趣爱好等进行了解和掌握,从而为学生制定个体化的体育锻炼方案提供必要的依据。相应的方案要充分结合不同学生的学习时间安排和生理特点,以及健康水平和体质需要等。对于锻炼的时段和具体时间,以及较为适宜的体育锻炼项目等进行合理的安排。并注意遵循体育运动规律,合理地对不同学生的力量、耐力、柔韧素质锻炼的时间和强度等进行设计。这样一来,相应的锻炼模式和锻炼强度都能与不同学生的体质情况和锻炼需求相适应,这对于获得更好的锻炼效果,促进学生的体质健康都是非常有利的。

3. 优化创新体育考核模式

以往的传统体育教学中采用的考核方式也是传统的,即体育成绩考核,不同学生最终的体育考核成绩中,课内成绩占据了较大的比例。这种传统的考核方式忽略了学生们课余时间的体育锻炼情况,合理性和科学性有所欠缺,如此就会导致学生们的课程成绩与考核成绩没有直接联系,也导致很多学生在很大程度上放松了对自身体质锻炼的要求,不管是在体育课堂教学之内还是课外,往往在主动参与体育锻炼的意识上都较为欠缺。为此,就要求学校要积极优化创新体育考核模式,完善相应的考核机制。在具体的考核过程中,在学生的课内表现之余,将学生的课余锻炼情况以及体能测试等均积极地纳入其中,[①]进而更为全面地掌握学生在体育锻炼方面的实际情况和真实水平,并通过积极的引导,使学生在体育学习以及体育锻炼方面的看法得以转变。促使其增强健康意识,积极主动地参与到体育锻炼之中,全面增强其体质健康。

[①] 孙东山. 以促进学生体质健康为目标的高职院校体育教学改革研究 [J]. 当代旅游(高尔夫旅行), 2018 (01): 148.

第四章 体质健康视角下体育教学内容资源的挖掘与开发

长期以来,我国学校体育教学内容并未彻底改革以竞技运动项目为主的框架体系,教学内容与学生现实生活、实际需求的联系不密切,也不符合学生的学习能力,这就造成了学生对体育课缺乏兴趣及体育教学效果不理想的现状。针对这一情况,我们应该在体质健康视角和"健康第一"教学理念下对体育教学内容进行改革,充分挖掘与开发利用对学生体质健康有益、能够满足学生需求以及符合学生实际的丰富教学内容,以提高学生的学习兴趣,提高体育教学效果,达到增强学生体质的教学目标。本章主要在体质健康视角下探讨如何挖掘与开发体育教学内容资源的问题:首先,阐述体育教学内容的基础理论;其次,分析体育教学内容的编排、选择与内容资源开发;再次,探讨体育教学内容的发展趋势与对策;最后,基于体质健康视角探讨对体育教学内容资源的开发。

第一节 体育教学内容理论基础

一、体育教学内容的概念

体育教学内容指的是依据体育教学的目标选择的、根据学生发展需要和教学条件加工的、在体育教学环境下传授给学生的体育知识、运动技术和比赛方法等的总称。[1]

二、体育教学内容的立体结构

我国体育教学内容主要由德国体操与瑞典体操体系,现代体育竞技、

---

[1] 蔺新茂,毛振明.体育教学内容论[M].北京:北京体育大学出版社,2014.

娱乐与游戏内容体系(英国绅士户外运动)以及民族民间传统体育体系三部分组成,如图4-1所示。德国、瑞典体操体系主要包括教育体操、健身体操、医疗体操等内容;英国户外运动主要包括田径运动、球类运动等;民族民间传统体育主要包括传统武术、民间游戏、养生活动等。这三个组成部分犹如三个支撑点,各自发挥着重要的作用,具有相对的稳固性,不易动摇,也不可替代。

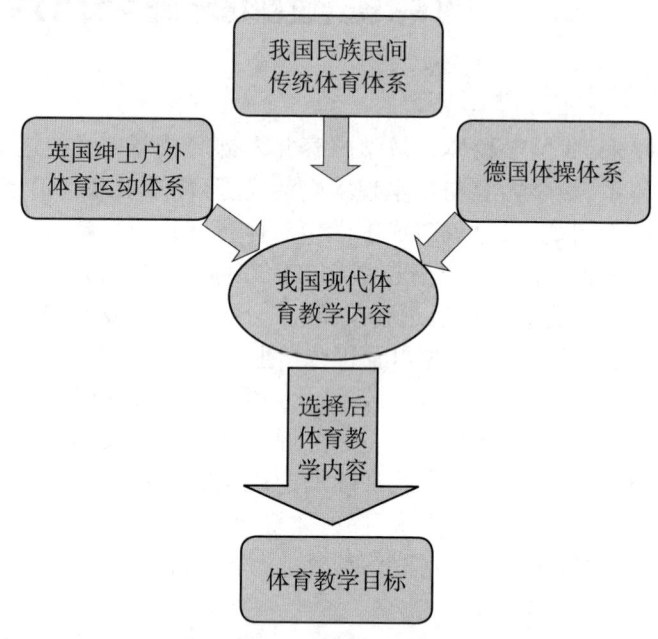

图 4-1[①]　体育教学内容的结构

体育教学内容的三个重要组成部分既相对独立,又相互联系,相互促进,相互影响,三者之间的关系如图4-2所示。

三、体育教学内容的分类方法

(一)交叉综合分类法

传统体育教学中,体育教育工作者以运动项目或身体素质为依据对体育教学内容进行分类,这种分类方法比较单一,而且有很多不足之处,没有体现出体育教学内容的丰富性,王占春研究员认识到传统分类方法的问题后,提出了补充性的分类方法——"交叉综合的分类方法",基本

---

① 蔺新茂,毛振明.体育教学内容论[M].北京:北京体育大学出版社,2014.

第四章 体质健康视角下体育教学内容资源的挖掘与开发

框架如图4-3所示。

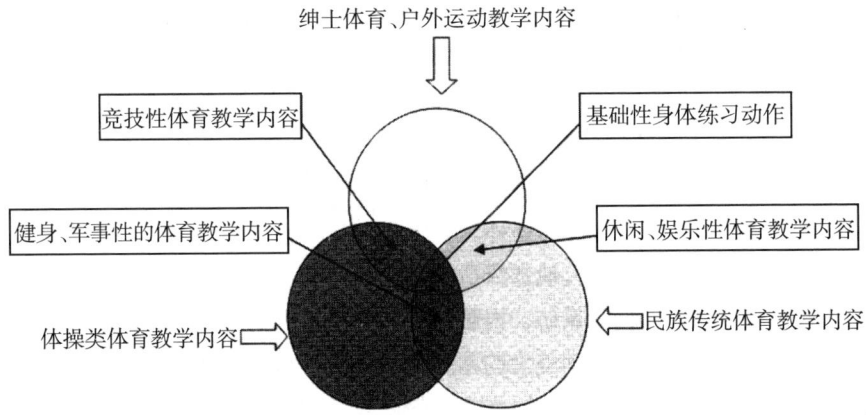

图4-2 体育教学内容各个部分之间的关系

交叉综合分类法是对传统分类方法的补充与改革,与传统分类方法相比更能突显体育教学内容本身的丰富性,而且也促进了体育教学内容的丰富多彩。

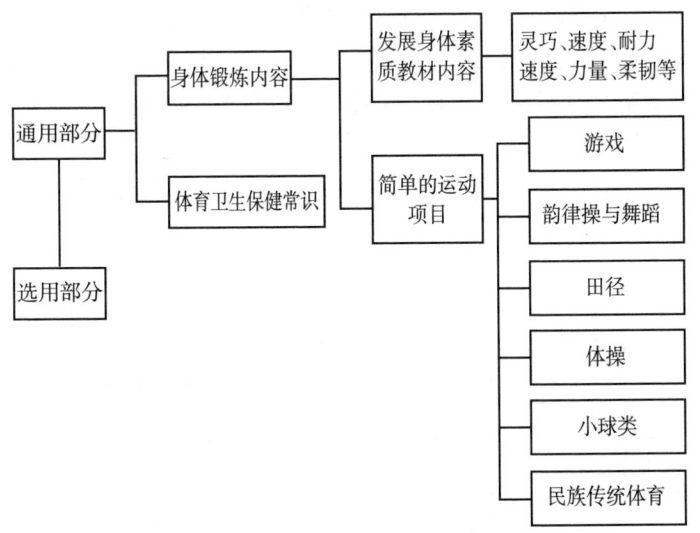

图4-3[①] 交叉综合分类法

(二)教学目标分类法

交叉综合分类法虽然一定程度上弥补了传统分类方法的不足,比传

---
① 蔺新茂,毛振明.体育教学内容论[M].北京:北京体育大学出版社,2014.

统分类方法有优势,但其存在不合逻辑、层次感模糊,缺乏对体育教学内容中涉及的上位、下位等相关概念与内容的深入理解等问题。毛振明认识到交叉综合分类法的这些问题后,提出了改进性的分类方法。毛振明指出,在体育教学内容的分类中,必须认识到运动项目或身体素质上面还有其他上位概念,所以提出了依据教学目的对体育教学内容进行分类的"上位分类方法",也就是教学目标分类法,基本框架如图4-4所示。

(三)体育能力发展分类法

现代体育课程改革越来越重视提高学生个体能力与促进学生个性发展,体育课程教学目标不断拓展,除了掌握体育知识与技能,提高学生健康体质等目标外,还要培养学生的终身体育意识及能力,有关学者从新的教学理念、新的教学目标出发,提出了新的体育教学内容分类方法——个体体育能力发展分类方法,如图4-5所示。

在不同教学阶段要合理安排基础类、提高类、拓展类体育教学内容,如图4-6所示,科学安排与优化实施这些内容,能够提高体育教学的系统性与科学性。在每个教学阶段都应在综合分析体育教学现状、学生体育学习情况等客观实际的基础上,按照从低到高,从简单到复杂,从基础到提高的顺序循序渐进进行安排,从而提高体育教学内容的实施效果。

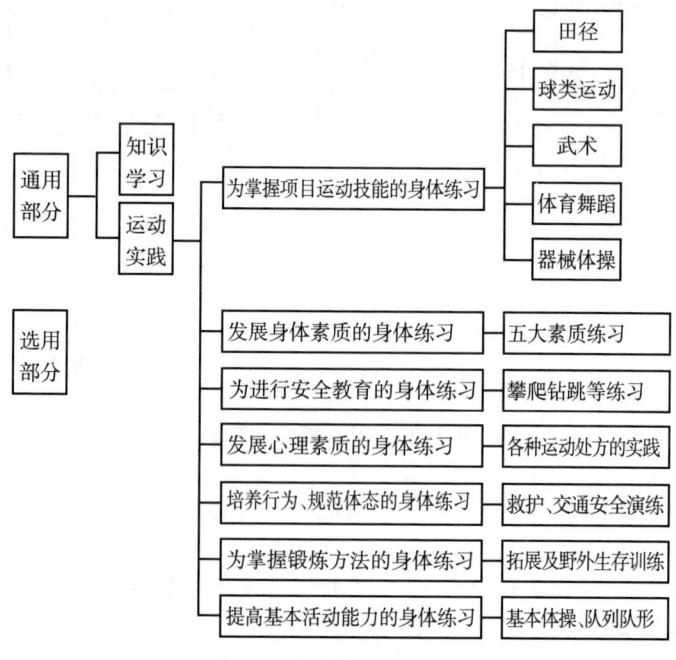

图4-4 教学目标分类法

第四章 体质健康视角下体育教学内容资源的挖掘与开发

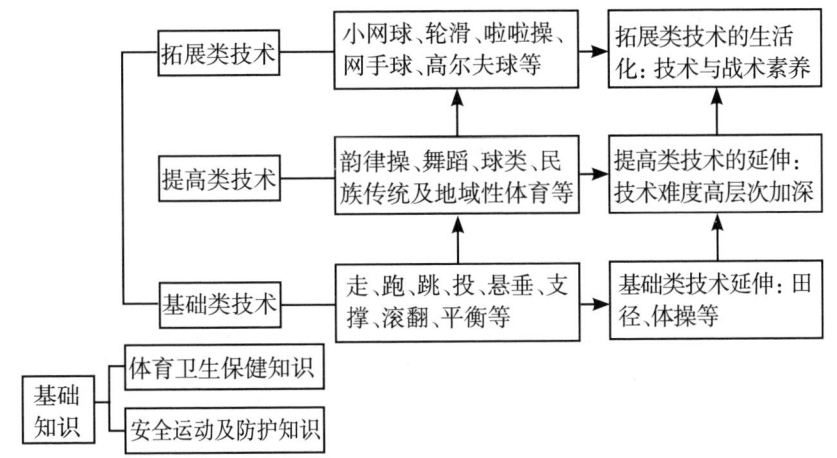

图 4-5 体育发展能力分类法

四、体育教学内容的层次

体育教学内容包括粗学内容及精教内容、介绍性内容、锻炼性内容四个不同的层次,它们的坐标关系如图 4-7 所示。

(一)粗学内容

这是少学多练型的教学内容,出现在多个年级,往往作为穿插性内容出现或作为小单元教学的内容。由于这类内容健身功能突出,趣味性强,所以很受学生欢迎。

(二)精教内容

这是多教多练型的教学内容,出现在多个年级,以大单元教学为主,这类教学内容虽然不多,但却是教学重点和教学精华。

(三)介绍性内容

这是集中学习型的教学内容,出现在某个年级,以大单元教学为主,这类教学内容要一次性教好,不必重复教。

(四)锻炼性内容

这是介绍型教学内容,出现在某个年级,以小单元教学为主,主要包括体能锻炼内容、体验性和知识性内容。

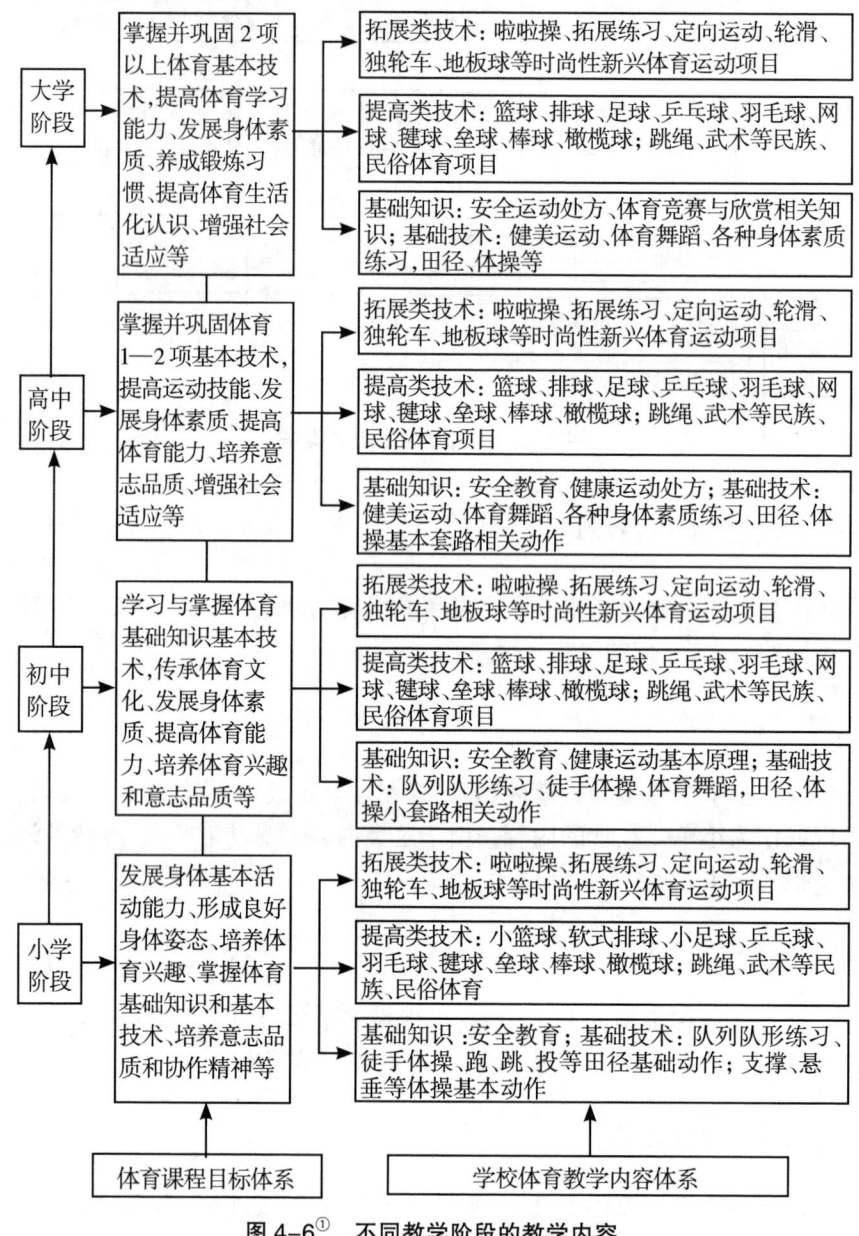

图 4-6① 不同教学阶段的教学内容

---

① 蔺新茂，毛振明.体育教学内容论[M].北京：北京体育大学出版社，2014.

第四章 体质健康视角下体育教学内容资源的挖掘与开发

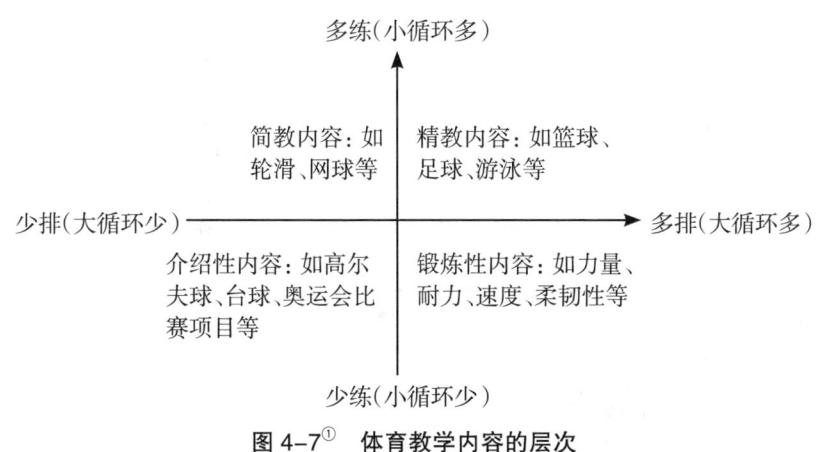

图 4-7[①] **体育教学内容的层次**

上述各个层次的体育教学内容都有自己的特征、作用及意义,在学期教学计划的制定中,要根据教学目标、教学任务、教学条件而有针对性地安排各个层次的内容,以有助于教学效果的优化和学期教学目标的实现。

不同层次体育教学内容的安排可参考表 4-1 和图 4-8。各所学校要结合本校实际情况来灵活安排不同层次的教学内容,可根据实际情况和教学目标的变化而灵活调整这种安排,从而保证体育教学内容符合学生实际情况,能够满足学生需求,以通过实施各类教学内容而促进学生体质增强、运动能力的增强以及综合素质的提升。

表 4-1 各层次体育教学内容的安排(每学年 60 个有效学时)[②]

	简教类	精教类	介绍类	锻炼类
各年级安排	少安排	多安排	少安排	多安排
单元规模	大单元	超大单元	小单元	超小单元
单位教学内容学时数	7—10 学时	15—30 学时	1—2 学时	10 分钟/学时
全年安排教学内容数	2—3 项	1—2 项	3—4 类	全面锻炼
全年学时数	20 学时	30 学时	5 学时	5 学时

[①] 毛振明,于素梅.体育教学内容选编技巧与案例[M].北京:北京师范大学出版社,2009.
[②] 毛振明,于素梅.体育教学内容选编技巧与案例[M].北京:北京师范大学出版社,2009.

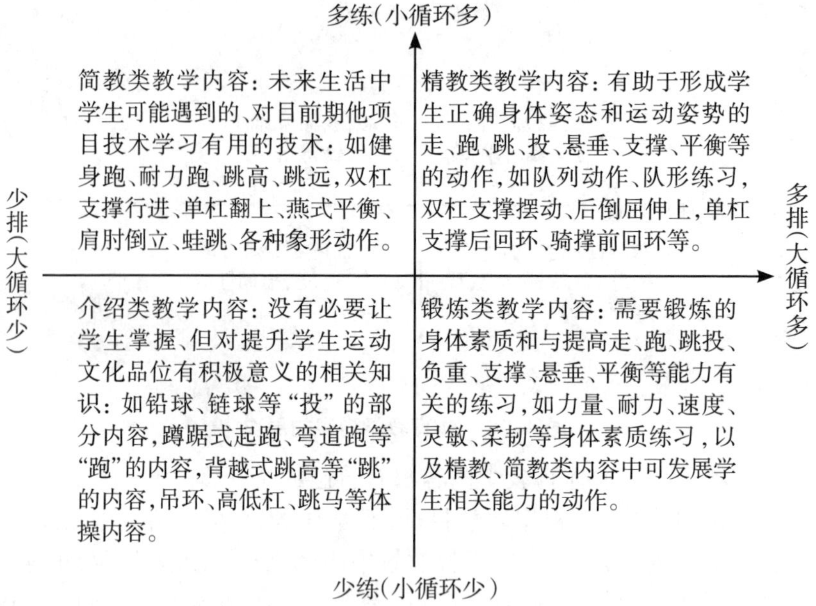

```
                        多练(小循环多)
                              ↑
  简教类教学内容：未来生活中   │ 精教类教学内容：有助于形成学
  学生可能遇到的、对目前期他项 │ 生正确身体姿态和运动姿势的
  目技术学习有用的技术：如健   │ 走、跑、跳、投、悬垂、支撑、平衡等
  身跑、耐力跑、跳高、跳远、双杠 │ 的动作，如队列动作、队形练习、
  支撑行进、单杠翻上、燕式平衡、│ 双杠支撑摆动、后倒屈伸上、单杠
  肩肘倒立、蛙跳、各种象形动作。│ 支撑后回环、骑撑前回环等。
少排                          │                          多排
(大 ←─────────────────────────┼─────────────────────────→ (大
循环                          │                          循环
少)   介绍类教学内容：没有必要让 │ 锻炼类教学内容：需要锻炼的  多)
      学生掌握、但对提升学生运动 │ 身体素质和与提高走、跑、跳投、
      文化品位有积极意义的相关知 │ 负重、支撑、悬垂、平衡等能力有
      识：如铅球、链球等"投"的部 │ 关的练习，如力量、耐力、速度、
      分内容，蹲踞式起跑、弯道跑等│ 灵敏、柔韧等身体素质练习，以
      "跑"的内容，背越式跳高等"跳"│ 及精教、简教类内容中可发展学
      的内容，吊环、高低杠、跳马等体│ 生相关能力的动作。
      操内容。                  │
                              ↓
                        少练(小循环少)
```

图4-8[①]　不同层次教学内容的安排

第二节　体育教学内容的编排与选择

一、体育教学内容的科学编排

(一)从已知到未知进行编排

在体育教学内容的编排中，如果新的教学内容比学生已掌握的教学内容的概括程度高，新旧内容之间不是从属关系，就要贯彻从简单到复杂、从容易到困难、从浅到深的编排准则，使体育教学内容系统有层次性，使不同教学内容之间的关联更清晰，使前面所教的内容为后面新内容的教学奠定基础，使学生通过学习某一内容而形成"认知固定点"，并为学习后面的新内容做好铺垫。体育教学内容结构有一定的序列性，对某个结构的掌握是学习另一个结构的基础，如果不具备前面的条件，就难以顺利进入新的学习阶段，就会增加后面学习的难度。

---

① 毛振明，于素梅.体育教学内容选编技巧与案例[M].北京：北京师范大学出版社，2009.

第四章　体质健康视角下体育教学内容资源的挖掘与开发

（二）由一般到个别进行编排

在以掌握原理为目的的体育教学内容的编排中,居于中心地位的应该是基本的概念、原则和原理。从这点出发,应该先对最具有一般性和概括性的体育教学内容加以陈述,然后进一步分化具体教学内容和特殊教学内容。因为,如果是首次接触熟悉度不高的体育知识领域时,只有将该领域教学内容的理论思想阐释清楚,才能在科学理论思想的指导下对特定领域的教学内容进行分类和系统化整理。一般比较容易和常规的做法是从一般的整体中分化出细节,通过若干细节将整体串联起来。如果可以从最一般和最具概括性的概念与原理入手来编排体育教学内容,就能使学生形成比较稳定的基本认知结构,从而在其他类属教学内容的学习情境中比较容易地掌握新内容。

（三）注意不同教学内容的横向联系

在体育教学内容的编排中,不仅要注意不同教学阶段教学内容的纵向联系,也就是教学内容的连贯性,还要注意不同教学内容之间的横向联系,具体表现为不同单元教学内容的联系和不同教学内容之间在知识原理、运动技能与情感上的协调与衔接,关注教学内容的横向联系,并有序安排丰富多彩的体育教学内容,有助于学生在体育学习中达到融会贯通的效果。如果在体育教学内容编排中不重视横向联系,就无法使学生在学习新内容时与原来熟悉的内容作对比,这会导致学生在新内容的学习中出现含糊不清、理解不深的问题,也容易使学生遗忘这些内容,同时对学习的迁移也是有影响的。

二、体育教学内容的合理选择

（一）选择要求

选择适宜的体育教学内容,要满足以下几方面的要求。

1. 技术性要求

体育教学内容主要包括体育理论知识和运动技能,这些教学内容应含有知识含量与技术含量,具体表现为具有知识性、技术性,同时要有挑战性和趣味性。这是因为学生探索未知事物以及通过学习愉悦身心是他们学习体育的初始动机,没有知识含量和技术含量的教学内容难以将学生的内部学习动机激发出来,也难以满足学生的心理需求,所以要精心选择有知识含量和技术水平的教学内容。

2. 拓展性要求

在选择体育教学内容的过程中,体育教师要将自身的主导性充分发挥出来,对能够使学生实际需要得到满足且有助于对学生综合素质进行培养的丰富教学内容进行拓展性开发与延伸性选择,而不应拘泥于体育教材、传统教学资源和现有体育项目。拓展性教学内容丰富且变化多样,具有开放性和创新性,将拓展类教学内容纳入体育教学内容体系中,打破传统教学内容的结构限制,有助于激发学生学习的热情,活跃课堂氛围,有助于对学生的协作能力、探索能力及自主创造力进行培养。[1]

3. 校本化要求

选择体育教学内容也要满足校本化要求,这是现代体育课程改革的新尝试,目的是提高体育课程的适应性与灵活性,促进体育课程教学的多元化发展。要满足校本化要求,就要使体育教学内容符合学校实际和地方实际,体现地方特色,同时要能够体现出体育教师的个性化教学风格。

我国不同民族都有极具特色且丰富多样的体育资源,可将这些资源纳入体育教学内容的选择范围内,以传承民族体育文化,丰富体育教学内容。不同学校教学条件和环境有差异,所选教学内容要满足学校实际,在教学内容的实施中使学校教学资源得到充分的利用,同时也要合理分配教学资源来为教学内容的实施提供便利。此外,对体育教学内容的选择还要考虑教师的专项特长,使教师的专业技能得到充分发挥。

总之,在满足上述条件与要求的基础上选编体育教学内容,对学校体育校本课程的开发与建设非常有利。

(二)选择方法

选择体育教学内容要遵循大众性原则、可行性原则及适切性原则,在严格贯彻这些原则的基础上对体育教学内容进行有层次的严格筛选,只有通过层层筛选,才能达到精挑细选的目标。采用层层筛选方法时,要依据不同教学阶段体育教学目标的主次顺序,由主及次对体育教学内容进行筛选。层层筛选的模型如图4-9所示。

---

[1] 蔺新茂,毛振明.体育教学内容论[M].北京:北京体育大学出版社,2014.

第四章 体质健康视角下体育教学内容资源的挖掘与开发

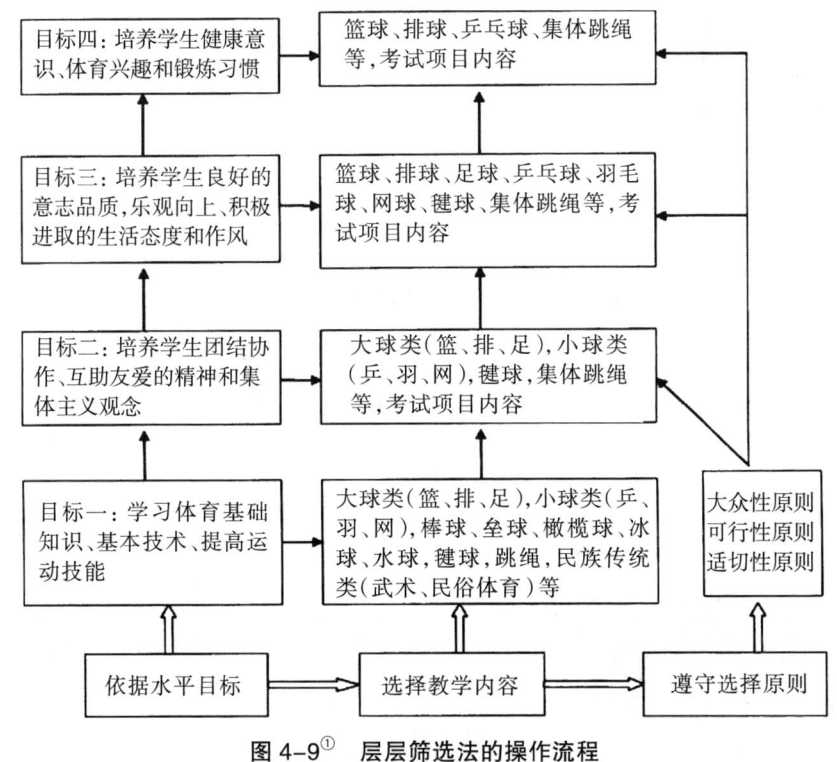

图 4-9① 层层筛选法的操作流程

在适切性、可行性和大众性原则下对体育教学内容进行层层筛选,要注意以下几个要点。

第一,根据教学目标选择适宜的与学生运动水平相符的体育教学内容,满足适切性原则的要求(图 4-10)。

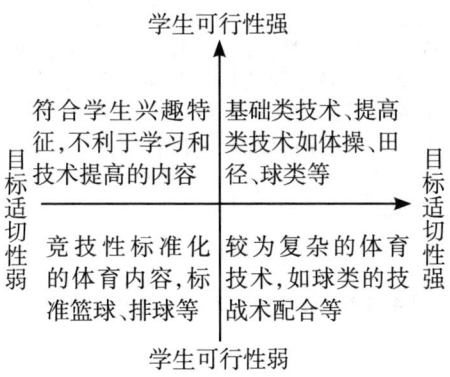

图 4-10 根据教学目标选择教学内容

---

① 蔺新茂,毛振明.体育教学内容论[M].北京:北京体育大学出版社,2014.

·85·

第二,选择契合学校教学条件、教师教学能力、学生年龄特征与学习能力的教学内容,与学生实际、学校实际、教师实际相符,满足可行性原则的要求(图4-11)。

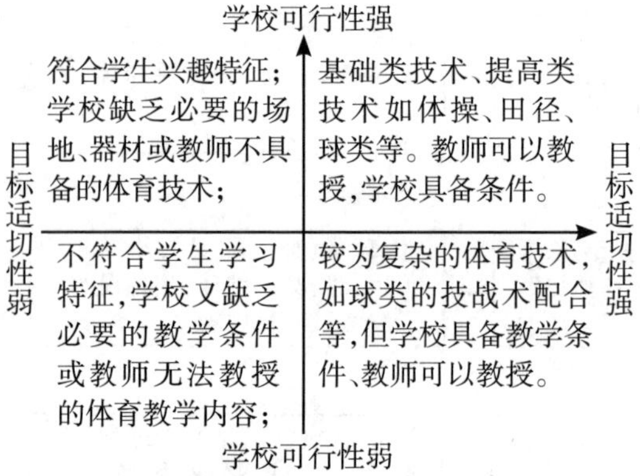

图 4-11　以学校可行性为原则选择教学内容

第三,选择广泛流行的、贴近学生实际生活的、有助于增强学生体质和培养学生体育锻炼习惯的大众性体育教学内容,满足大众性原则的要求,激发学生学习的积极性(图4-12)。

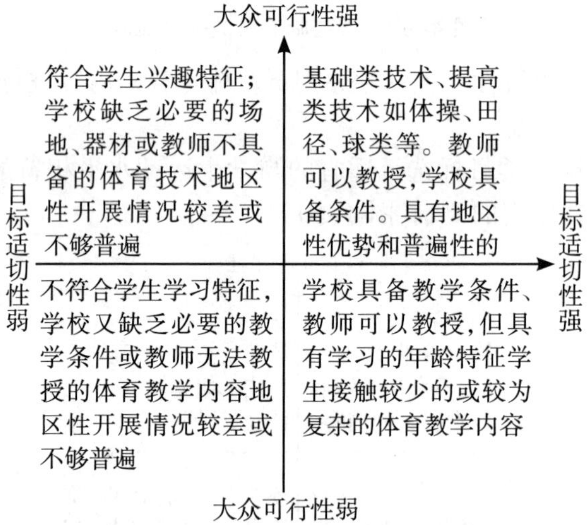

图 4-12　以大众性为原则选择教学内容

第三节 体育教学内容资源的开发

一、体育教学内容资源的开发程序

体育教学内容资源的开发过程包括准备、实施和总结三个阶段,如图4-13所示。

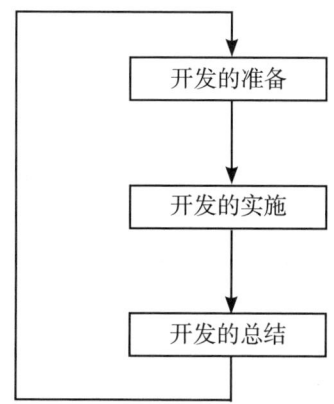

图4-13 体育教学内容资源的开发过程

(一)准备阶段

准备阶段也是预备阶段,在整个开发过程中,这是首要环节。在这一环节主要是设计开发方案,组织人力资源,以便开展下一阶段的工作。

准备阶段的工作内容具体包括组织准备和方案准备,这两个工作分别对应"谁来开发"和"开发什么"的问题,此外还要明确"为何开发",虽然解答这个问题不需要开展实质性的工作,但是必须要了解(图4-14)。

组织准备和方案准备的工作内容见表4-2。

表4-2 准备阶段的工作内容[1]

	具体工作
组织准备(人员准备)	(1)成立开发小组,明确组员职责 (2)设置开发办事机构 (3)组建专家组等

---

[1] 李林.体育课程内容资源开发的理论与实践[M].重庆:西南师范大学出版社,2006.

续表

方案准备	具体工作	
	（1）明确开发目标	
	（2）收集相关信息	理论信息 政策信息 人员信息 条件信息 体育信息
	（3）编制开发方案	开发背景 开发主题 开发目标 开发人员 开发方法 开发步骤 开发成果等

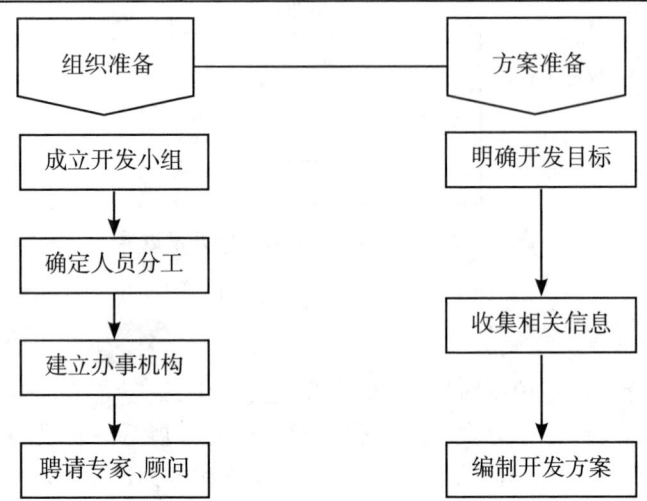

图4-14[①]　体育教学准备阶段的工作内容

（二）实施阶段

在实施阶段要将准备阶段设计的开发方案落到实处，这个阶段是整个开发过程的核心与关键，要具体解决如何开发、怎样开发的问题。因为体育教学内容资源本身具有丰富性、复杂性、广泛性等特征，所以决定了

[①] 李林.体育课程内容资源开发的理论与实践[M].重庆：西南师范大学出版社，2006.

第四章 体质健康视角下体育教学内容资源的挖掘与开发

体育教学内容资源的开发实施是一个循环往复的过程,需要不断尝试、改进以及验证。

在实施阶段具体可采取的实施方式有组织体育课堂教学和课外体育活动,布置课外作业、加强理论研究和行动研究等。在开发实施过程中要充分考虑人员因素(开发人员的职责与配合)、时间因素(整个开发活动的时间安排和各实施环节的具体实践安排)以及条件因素(物质条件、经费条件等)。

(三)总结阶段

总结阶段也是结束阶段,主要是回顾和评价前两个阶段的工作,展示成果,发现不足,总结经验教训,为下一次开发提供经验。总结阶段主要涉及整理开发结果、手机相关信息、评价、撰写总结报告以及推广开发成果等五个方面的工作,如图4-15所示。

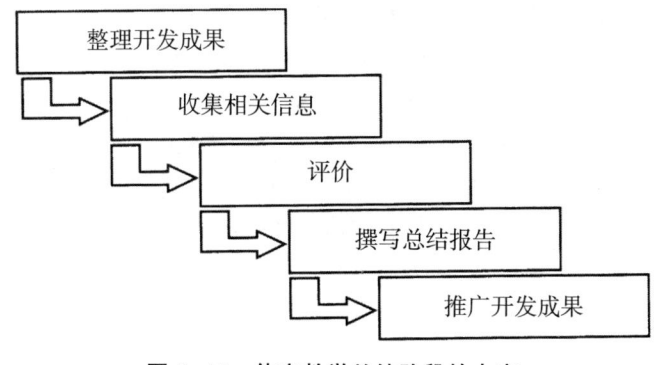

图4-15 体育教学总结阶段的内容

二、不同类型体育教学内容资源的开发与改造

(一)新兴运动项目的开发与改造

近年来,我国引进了很多兼具休闲性、趣味性的现代新兴体育运动项目,广大群众对这些层出不穷的现代运动非常感兴趣,也积极参与其中。随着这些项目的不断推广与普及,它们慢慢出现在学校体育课堂中,成为体育教学内容的重要组成部分。这些项目的引进无疑使得学校体育教学内容更加丰富了,也使体育课堂教学更加活跃,更有活力和生命力。但从西方发达国家引进的现代新兴项目对运动场地设施条件提出了较高的要求,部分项目还有很大的风险,这对学校体育教学提出了挑战,也对学生

安全造成了威胁。对此,要重视对这类项目的普适化开发与改造,从现有教学条件出发设计与其规则和方法相近的教学内容,使这部分教学内容适用性更广,实效性更强。

例如,开发与改造现代休闲体育运动项目时,要保留这些项目的娱乐性、开放性、休闲性特征,但因为这类项目对场地器材条件有较高的要求,所以要对其运动规则、场地器材加以改进、简化,从而为教学实施提供方便。改进与简化运动器材时,要将学校现有教学条件充分利用起来,要考虑器材的经济实用性,考虑长期体育教学的需要,尽可能不要为了暂时要用到的场地器材而大刀阔斧、不计成本地进行改造,容易造成资源浪费。如果要培养专门的休闲项目运动员,如台球运动员等,可根据实际情况来实施正规训练。

(二)民族体育活动的开发与改造

传统性和地域性特征鲜明的中华民族传统体育不仅内容丰富多彩,形式变化多样,而且拥有深刻的内涵和深厚的文化底蕴,将这类内容引进学校体育教学中对传承民族传统体育文化和丰富教学内容都具有重要意义。但因为学校体育教学大纲的统一性,所以没有很好地开发利用各民族的传统体育项目和当地的民间体育项目。对此,学校应深入开发丰富多彩的民族民间体育活动,适当改造这些活动,从中对深刻的教育因素和内涵加以挖掘,这样学生参与这些与自己生活经验贴近的民族民间传统体育活动时积极性会提升,这也是学校履行传承与弘扬民族传统体育文化义务的要求。

(三)竞技运动项目的开发与改造

竞技运动的目标是提高竞技能力,取得比赛胜利,而体育教学的目标是增强学生体质,增强学生的运动能力,可见竞技运动与体育教学所追求的目标是不同的,所以在学校竞技体育项目教学中不能完全按照运动训练的模式进行技能教学,而要挖掘竞技项目的教育元素,对有安全隐患的项目进行改造,正确认识竞技运动的特点与功能,有选择地开发和选择适合学生学习的教学内容,以发挥竞技运动对增强学生体质的功能与作用。

在体育教学中开发与改造竞技体育项目,目的不是实现这类运动的竞技价值,而是实现其教育价值,以促进学生发展。所以说,竞技价值强而教育价值弱的竞技运动项目不适合作为体育教学内容出现在体育课上,即使有挑战性、竞技性的竞技项目能够吸引学生和激发学生的好胜

第四章　体质健康视角下体育教学内容资源的挖掘与开发

心,但也不适合将其选入体育教学内容体系中。尽管可以适当改造这类项目,但经过改造后这类项目原本吸引学生的部分被弱化了,所以难以激发学生学习的欲望。总之,将这样的竞技运动引进体育教学中并不合适。

在竞技运动的开发与改造中,要突出改造的群体化,突出竞技项目的教育价值、健身价值和文化价值,使之与体育教学的特点、目标及要求相符,成为符合条件的体育教学内容。开发与改造竞技项目的方法并不是唯一的,在开发与改造过程中要对不同学生的个性特征、个体差异及个性需求予以考虑,允许学生在学习时融入自己的理解与想法,不苛求技术标准的统一,主要是使学生在学习与参与中有愉快的体验,有学习的积极性,能真正实现身心健康领域、运动技能领域和情感领域的教学目标。

(四)体育教材内容的开发与改造

在传统教学观念中,认为只有课程专家才能编写与确定教材以及选择教材内容,而教师的责任是给学生传说教材内容。而在新课程理念下,编写课程教材的主体是教师,教师对学生的学习能力、学习需要以及对学校的教学传统和教学条件更为了解,所以能基于这些因素而对适宜的教学内容进行开发与选择。强调体育教师在课程教材编写中的主体性,能够实现由"教教材"向"用教材教"的转变,这包含以下几方面的含义。

第一,"教教材"是指完全按照教材内容来实施教学,而"用教材教"就是以教材为参考工具和学习媒体,教师依据教材教学,学生将此作为学习读物,不管是教师还是学生都不是照搬教材内容,而是有选择地吸收其中对自己有意义的营养成分。

第二,体育课程专家是在参考最新教育方针政策和最新教育教学理念下进行体育教材编写的,所以最终的体育教材成果具有科学性、时代性以及重要的指导性。兼顾很多因素的体育教材虽然具有普遍的适用性,但是缺乏对各地教学条件差异的考虑,所以局部不合理的问题也是存在的。对此,不同学校应从自身实际情况出发来对体育校本课程加以研究和编制,选择符合本校人才培养目标和教学传统的教学内容。

第三,作为对学校教学条件和学生实际情况最为了解的体育教师,在体育课程教材编制和选择上应该有一定的决策权,体育教师应该作为课程教材的开发者而不是被动的执行者,这样课程本身的意义也能在教学活动中有所升华。需要注意的是,体育教师虽然有部分决策权,可以参与到体育教材的开发与编制中,但不能完全任由其对教学内容进行自由选择与编排,因为很多体育教师本身不是专业的课程专家,还没有深入理解课程理念,而且编制教材的时间与精力也相对有限,这是一方面的原因。还有另一方面的原因是体育教师了解学生的需求和爱好,他们会选择学生感兴趣的教学内容,这固然有利于提高学生的学习积极性,但也容易造成"兴趣主义"教学模式的形成,过于追求体育教学的娱乐性而忽视了教育性。所以要尊重体育教师的部分决策权,但也不能完全放手任由体育教师编写教材和确定教学内容。

总之,学校和体育教师要在新课程理念下发挥一定的自主权来开发体育教学内容,教学内容应丰富一些,应能够有益于实现体育教学目标和学校人才培养目标,要有利于提高学生的体育素质和健康素质。学校在自主开发体育教学内容时要展现本校的体育传统优势,符合本校的教学条件,要对不同类型的体育教学内容进行科学开发与适当改造,建构多元化的体育教学内容体系,以促进体育教学目标的顺利实现。

第四节 体育教学内容的发展趋势与对策

一、体育教学内容的发展趋势

(一)向不同学段逐级分化

以往对体育教学内容进行选编时,对不同项目间的逻辑关系过分重视,甚至按照这些逻辑关系来构建体育教学内容体系,最终导致教学内容实效性差,教材安排难度增加,也使学生无法充分发挥主观能动性。随着体育教学的深入改革,体育教学内容的选编方式有了变化,即按照体育教学大纲和教学规律对兼具健身性、时代性、娱乐性的体育教学内容素材加以编排与选择,在不同学段针对不同年龄学生的特点进行有区别性的选编,将内容素材逐级分化到各个教学阶段。

(二)尊重学生主体

传统体育教学中,体育教师从自身的价值取向出发选编与确定体育教学内容,从而为教学提供便利。而在新的课程理念下,多是基于对学生主体需要的考虑以及在尊重学生主体价值取向的基础上而选择与确定教学内容,旨在为学生的学习提供便利和良好的条件。

第四章 体质健康视角下体育教学内容资源的挖掘与开发

（三）推动学生全面发展

传统学校体育教学中，学校体育课与身体素质达标课很接近，目的是对学生的身体素质与身体活动能力进行培养。而在健康第一和素质教育等教学理念下，学校按照健康教育和素质教育的规定与要求选择与确定体育教学内容，旨在促进学生身心素质、道德素质以及社会适应能力的全方位提高。

（四）与社会体育接轨

在经济快速发展和人民群众生活质量日益提高的今天，人类的思维方式、生产生活方式以及学习工作方式均发生了显著的变化，进而体育习惯也有所变化，人们形成了现代运动观念，根据自身兴趣爱好追求休闲娱乐的健身运动项目。这一变化对学校体育教学内容的选择提出了新的要求，在体育教学内容改革中要将迎合社会发展趋势的时尚运动、实用项目纳入教学内容体现中，使社会流行体育与学校传统项目交相辉映，发挥社会体育的社会功能，为学生将来更好地适应社会环境奠定基础。

（五）追求终身体育目标

健康体育是终身体育的重要组成部分，为终身体育打基础是学校体育发展的重要趋势之一，要实现终身体育的目标，需要学生学习与掌握终身参加体育所需的技能、知识和态度。因此，应处理好体育教材健身性、运动文化传递性和娱乐性的关系，精心开发与选择既有健身价值，又能作为终身体育锻炼手段的大众喜闻乐见的运动项目作为体育教学内容。

二、体育教学内容的发展对策

（一）实施丰富多彩的体育教学内容

学校体育教学内容要随着社会的发展而不断丰富与进步。开展体育教学，要从学生的身心健康和体育爱好等多个方面综合考虑，设计体育教学内容时，要尽可能突出教学内容的丰富性，从而吸引学生的注意力，提高学生参与体育教学的积极性。这样才能使学生通过体育学习而锻炼身体，愉悦精神，使学生更好地理解体育教学的重要性，进而养成良好的体育锻炼习惯,增强自身的综合素质。

在开发与选编体育教学内容时,可以将社会上流行的体育项目,如攀岩、搏击、射击、中华武术、跆拳道、瑜伽等引进体育课堂中,使体育教学吸引每一位同学的关注,使所有学生都能选择自己喜欢并且适合自身特点的体育课程。有条件的学校还可以开展冰球、马术、皮划艇等项目的教学,以满足学生的竞技要求、娱乐要求、健身要求。

(二)有机整合不同难度的体育教学项目

很多深受学生喜爱的体育教学内容因为竞技程度较高而使学生学习起来有一定的困难,从而影响了学生的学习积极性。所以,体育教师要对那些较难掌握的体育教学内容进行合理有效的分解,使其能够适应学生的体育能力水平。对难度较大的体育项目进行分解后,可以与一些比较简单的运动综合起来进行教学,使体育教学内容难易适中,满足不同水平学生的需求。体育老师要对不同的体育教学内容进行深入研究,掌握各种体育项目的特点,综合整理复杂的体育运动项目,并归纳成为一个相互联系的运动组合,从而实现体育教学内容的综合性和联系性。

(三)加强体育教学内容的拓展

拓展体育教学新内容可以对学生的学习兴趣进行更好的培养,使学生的体育学习兴趣从课堂延伸到课后,最大化地提高学生的体育能力,同时也能使体育教学渠道得以拓宽。拓展体育教学内容的主要方法是对原有体育教学内容体系加以改革与完善,整合不同类型的运动项目,根据新课标要求确定不同学习领域的不同层次学习目标,根据水平目标与相关要求对不同水平学生的运动能力发展目标提出不同的要求,在运动项目类型的变更中实现技术上的综合,并不断进行有创造力的变革。此外,要对原有体育教学内容的运动形式加以拓展与更新,与现代新兴体育运动结合起来满足不同学生的身心发展需要和兴趣爱好,使体育教学内容更加丰富和多元化。

具体来说,对体育教学内容进行拓展要注意以下几点。

1. 结合学生的生活经验及兴趣爱好进行拓展

体育教师对体育教学内容进行拓展,要注意结合学生的实际生活引进一些生活化、大众化的教学内容,这就要求体育教师了解学生在日常生活中的兴趣爱好,根据学生的爱好和生活经验设计喜闻乐见的游戏教学

第四章　体质健康视角下体育教学内容资源的挖掘与开发

内容和其他活动内容,使学生既能在课堂上积极学习,也能在课后自娱自乐玩耍。贴近学生生活的教学内容往往能够吸引学生的注意力,激发起学生学习的热情,使学生将课堂学习和自己的生活经验结合起来,将积累的经验运用到学习中,提高学习效率,同时也能将课堂上所学的内容运用到生活中,丰富生活。

2. 体育教师引导学生自主拓展

拓展体育教学内容不仅是体育教师的职责,也是学生应该参与的有意义的项目。学生自主拓展、自主练习,能够丰富学生的情感体验,提高学生的创造力,也能增强学生的自主学习能力,更好地培养与延续学生的学习兴趣。在学生自主拓展教学内容的过程中,体育教师要做好积极的引导工作,传授正确的拓展方法,提高拓展效率和成果。

3. 通过拓展培养学生的创新思维

在体育教学内容的拓展中要注意培养学生的创新思维,将体育教学内容的拓展性实施和学生的思维训练结合起来,培养学生的创新精神,促进学生创新实践能力的提升。

（四）构建体育教学内容新体系

体育教学内容是在课程设置的基础上具体解决学生学什么、教师教什么的关键,在健康教育理念下构建体育教学内容新体系,是建设体育与健康课程的核心与关键。构建体育教学内容新体系,选择具体教学内容时,必须注意以下几方面的要点。

首先,处理好竞技项目与竞技体育、传统项目与传统体育的关系。理论上而言,竞技体育是以极限负荷为主要特点的运动,竞技项目是竞技体育活动的形式,它可以是大负荷,也可以是小负荷的活动形式；传统体育与传统项目一样,可以成为极限运动,也可以作为休闲活动。因此,竞技项目、传统项目及其他体育活动项目都可以成为体育教育内容,具体要以体育教育的目标为依据而进行精选与优选。

其次,要体现以人为本的教育理念,改革以往体育教师一厢情愿式的、统一机械的内容组合。改革的要求是教材内容乡土化和弹性化、竞技性运动教学化、教学内容健康化。只有将健康教育与技能教育结合起来,才能真正实现体育教育与健康教育的结合。

最后,在选编体育教学内容时,应从学生适应社会发展的需要出发,分层次、有重点地选择健身价值与社会价值都很高的体育与健康内容,还要根据学生不同发育阶段的特点和规律而选择教学内容,争取使各学段的教学内容相互配合与连贯衔接。①

根据上述要求,体育教学内容新体系如图 4-16 所示。

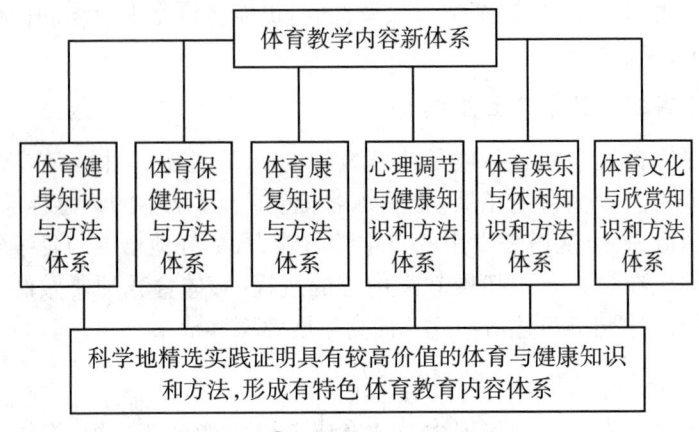

图 4-16②　体育教学内容新体系

第五节　基于学生体质健康的体育教学内容资源的开发

一、基于学生体质健康的体育教学内容资源的开发原则

(一)科学性原则

基于学生体质健康而开发体育教学内容资源时要遵循科学性原则,要以体育教学目标为依据而开发教学内容资源,开发过程中每个环节都要求科学、严谨,以提高开发效率,日后提高教学内容的实施效率,促进增强学生体质的教学目标的实现。

具体来说,贯彻科学性原则要做到以下两点要求。

第一,体育教学内容体系的结构科学而合理,针对早操、课间操、体育课堂和体育课外活动而开发的教学内容应密切联系,衔接得当,相互融合与补充,共同构成科学系统、完整连贯的学校体育教学内容体系。

第二,开发体育教学内容资源,要确保科学、准确、逻辑严谨,体现出

---

① 雷金火.基于健康教育下的高校体育教学内容改革[J].滁州学院学报,2006(05):121-123.
② 同上.

第四章　体质健康视角下体育教学内容资源的挖掘与开发

教学内容的学术价值。

（二）适应性原则

任何事物本身的生存与发展都与其所处的环境或与其有密切联系的其他事物有关。基于学生体质健康而对体育教学内容资源进行开发要贯彻适应性原则，即适应学校教学环境、教学条件以及教学需要。这就要求体育教师基于对学校体育设施条件、体育师资水平、体育财力资源、体育文化建设情况、学生身心健康现状及其体育学习需要等多方面因素的考虑而开发适应性强的体育教学内容资源，这样可以避免不同学校体育教学内容的雷同。

（三）合作性原则

开发体育教学内容资源涉及的因素很多，而且也不是一个部门就能完全胜任的，不是个人努力的结果，而是多个部门、众多体育教育工作者共同参与、合作努力的结果。所以，要特别强调对合作性原则的贯彻，强调树立集体主义精神，通过相互支持与协作来提高集体合作的效率，从而开发出丰富多彩的优质体育教学内容资源。

开发体育教学内容资源是一项复杂的工作，既需要学校内部各部门、有关参与者之间相互沟通与协作，发挥各部门的优势，利用好各部门的优质资源，互通有无，取长补短，同时也需要学校与家庭、学校与教育部门以及体育教师与体育课程专家之间相互配合。

二、基于学生体质健康的体育教学内容资源开发的要点

（一）按照《体育与健康课程标准》的指引开发体育教学内容资源

《体育与健康课程标准》研制组的专家在健康第一、素质教育、终身教育、全面教育等现代体育教学思想的指导下，根据体育学科的特点、现代健康观、体育教学发展趋势而明确了现代体育课程教学的目标体系及学习领域。体育教师应依托《体育与健康课程标准》这一纲领性文件的科学指引来开发体育教学内容资源，使体育教学内容有助于实现不同层次的教学目标。

（二）根据学生的身心发育规律与特点开发体育教学内容资源

运动生理学、运动心理学、运动解剖学等运动人体科学是开发体育教学内容资源的重要学科基础和原理。青少年学生生长发育的规律与特点是体育教师开发体育教学内容资源必须考虑的因素，体育教师应从教学对象的年龄特点、生理解剖特点出发对教学内容进行开发与选择，所选内容资源要有助于促进学生健康成长和全面发展。

（三）从现代奥林匹克运动的宝库中开发体育教学内容资源

现代奥林匹克运动的宝库中包含丰富多彩的运动项目，这些运动项目对青少年学生的健康发展有重要促进意义，因此要密切联系现代奥林匹克运动来开发体育教学内容资源，从这一宝库中选择对促进学生身心健康有重要价值的教学内容。

（四）依据体育教学规律开发体育教学内容资源

体育学科有自己的特性，体育课程教学在长期的发展中也形成了独特的规律，客观规律在一定程度上影响与制约体育教师选择体育教学内容、运用体育教学方法以及组织安排体育教学活动。因此，要对体育教学的客观规律有正确的认识与深入的研究，从而在客观规律的指引下深入开发教学内容资源，保证开发轨道与路径的科学性与可行性。

（五）将体育教学内容资源的开发及校本课程的开发结合起来

国家体育课程纲要和地方性体育课程纲要是学校开发校本课程的重要理论指导与依据。在统一课程纲要的指导下，学校从自身办学特点、教学条件出发选择恰当的校本课程开发方式，课程要体现出地方和学校特色，要能使学生的学习需求得到满足，要能使学校的教学资源得到充分利用。校本课程地域特色鲜明，各所学校的校本课程可以说是专属于本校的独一无二的课程资源，开发校本课程离不开本校体育教师的参与及配合，同时要对地方文化、地方传统体育、学校各方面的条件以及学生的认知能力及学习需要予以全方位的考虑。

作为国家体育课程的重要补充，校本课程可以灵活确定教学目标和教学内容，教师有相对自由的教学空间，具有地方特色的教学内容更容易激发学生的学习兴趣，实施这些教学内容能够提高课堂教学的活跃度、灵活性和创新性，也便于根据不同学生的特点而进行有效教学。

第五章 体质健康视角下体育教学手段与方法的选择

如今,"健康第一"的教学理念在学校体育教学中得到了很好的贯彻与利用,这一理念非常强调学生的身体健康发展,主张体育教学活动的开展要将促进学生的身心健康作为一个重要的目标。在这样的背景下,在选择体育教学手段与方法时要以体质健康发展为重要依据,选择的体育教学手段与方法要有利于学生的身心健康发展。

第一节 体育教学手段与方法的理论基础

一、体育教学手段

(一)体育教学手段的概念

发展到现在,关于体育教学手段的概念仍然没有一个统一的定论,根据诸位专家及学者的见解,我们可以将体育教学手段的概念概括为:体育教学手段是指体育教学活动中为实现体育教学目标而使用的实体工具,如各种教学用具、多媒体等属于重要的教学手段。

一般来说,体育教学可以说是以身体练习为主的活动,这是体育教学的重要特点。因此,在体育教学中使用的实体工具既指物质方面的工具,也指人体或人体某些部分。在具体的教学过程中,学生要在体育教师的指导下利用各种体育教学手段进行体育学习,促进自身运动水平的提升。

(二)体育教学手段的分类

体育教学手段划分的标准有很多,这里以"二分法"为标准对体育教学手段进行划分,可以将体育教学手段划分为人体内部感官视角手段与人体外部视角手段两种类型(图5-1)。

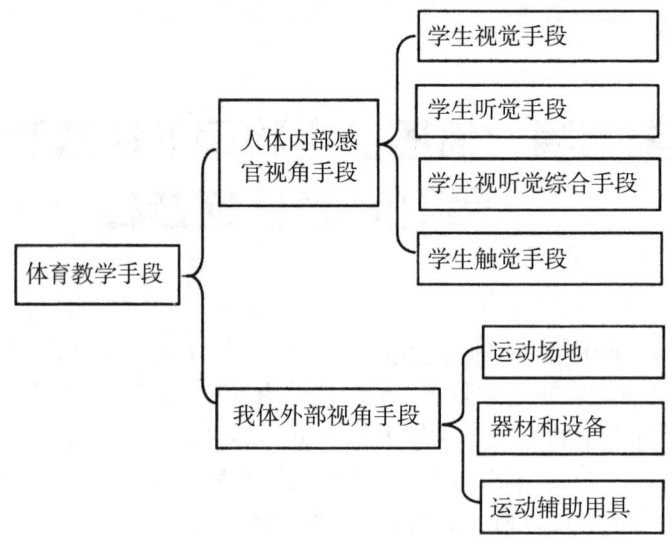

图5-1 基于"二分法"的体育教学手段分类

一般情况下,人体内部感官视角手段主要包括视觉、听觉和触觉三个方面的内容,学生在具体的体育教学中要综合利用这三种手段,从而得出客观准确的结论,更好地服务于体育教学活动。而在人体外部视角手段中,主要是指保证教学活动正常开展的基础设施与装备。以上两个手段对于体育教学活动的开展都具有重要的意义,要引起重视。

(三)体育教学手段的作用

如今的体育教学非常重视学生的体质健康,设计的一些教学手段也非常有利于学生的体质健康发展。通过大量的体育教学手段的利用,体育教学质量得以迅速提高。[1]

总体而言,体育教学手段的作用主要体现在以下几个方面。

1. 辅助体育教学活动的顺利开展

体育教学手段对于体育教学活动的顺利开展具有十分重要的意义,通过各种体育教学手段的利用,能很好提高教学质量。在具体的体育教学活动中,体育教师的动作示范非常重要,但仅仅采用这一教学手段是不行的,还需要借助其他教学手段来辅助教学活动的顺利进行,如使用动作

---

[1] 郭栋,马宁.论优质体育教学的基本内容及其实施策略[J].教学与管理,2011(24):153-154.

第五章 体质健康视角下体育教学手段与方法的选择

图示、人体模型等。这些辅助手段的利用都能取得一定的教学效果。作为一名优秀的体育教师,要积极发散自己的思维,提高自己的创新意识与能力,争取设计出符合现代教育要求的教学手段。

2. 促进体育教学观念的更新

现代社会是一个信息化社会,在学校教育中,也出现了各种信息化技术手段,这些信息化技术手段的利用取得了明显的教学效果。最初,这些现代化的网络技术手段受到一定的排斥,其中一个重要的原因就在于教学观念比较落后,跟不上时代发展的形势。但随着时代的不断发展以及学校教育改革的进行,体育课程借助现代多媒体教学手段的趋势是不可阻挡的。如在具体的教学过程中,教师在讲解技术动作之余,可以利用互联网让学生观看优秀运动员整个技术动作的过程,这样能帮助学生建立和形成正确的动作表象,加深技术动作的印象,还能提高学习的积极性。由此可见,这些信息化技术手段有着明显的优势。作为一名合格的体育教师要注意在平时的教学中加强体育教学观念的创新,设计出优良的体育教学手段,从而促进体育教学质量的提高。

3. 扩展信息反馈的作用

体育教学手段能促进体育教学质量的提高,这说明其具有显著的直观功效特点。通过各种教学手段的利用,体育教师能够获得来自学生身体的直接反馈,如视觉反馈、肌肉反馈、身体空间感觉反馈等,这样能够有效拓展学生学习中信息反馈的渠道与路径,从而促进学生运动技能的发展和提高。

二、体育教学方法

(一)体育教学方法的概念

与体育教学手段一样,体育教学方法对于体育教学质量的提高也具有重要的作用。关于体育教学方法的概念,不同的专家与学者有着不同的见解。通过归纳与总结各位专家及学者的见解,我们可以将体育教学方法的概念归纳为:体育教学方法是指在体育教学活动中师生为实现教学目标、完成教学任务而采用的所有手段和方式的总和。作为一名合格的体育教师,一定要学会综合利用各种教学方法,提高教学方法创新与应用的能力。

(二)体育教学方法的分类

依据不同的划分标准可以将体育教学方法分为不同的类型。

1. 按照外部形态分类

依据外部形态分类,可以将体育教学方法分为以下几种类型(表5-1)。

表5-1 体育教学方法的分类

教学方法分类	具体方法
以语言传递信息为主	讲解法、问答法、讨论法等
以直接感知为主	示范法、演示法、保护与帮助法等
以身体练习为主	完整与分解法、循环练习法等
以探究性活动为主	发现法、问题探究法、小群体学习法等
以比赛活动为主	情景法、比赛法、游戏法等

2. 按照体育学科的特性分类

依据体育学科的特性,可以将体育教学方法分为"教法"和"学练法"两种类型。其中学练法又包括学法和练法两种类型。利用各种体育教学方法进行教学的主要目的在于实现预期的教学目标,而教学目标就是体育教学效果实现的一个重要依据。"知识与技能"是体育教学目标的主线,基于这一主线而延伸出很多具体的教学目标,一般可以在体育技能学习中穿插一些体育知识,从而一起实现技能目标与知识目标。学生掌握运动技能需要经历一个循序渐进的过程,由不会到会,由陌生到熟练,因此在教法的具体分类中也会将运动技能的形成过程作为一个重要的划分依据。

根据体育教学的指导思想,可以将体育教学方法划分为以下两种类型。

(1) 原理性体育教学方法

问题学习法、程序教学法等都是非常重要的原理性教学方法,原理指导性是这类教学方法的最为重要的特点。原理性体育教学方法是在新的教学思想的指导下形成的,也是以新的教学理念为指导而解决体育教学实践问题的,这一类型的教学方法具有很强的理论指导性。

(2) 操作性体育教学方法

操作性的体育教学方法主要是指那些具体教法,如口头讲解法、教具演示法、各种练习法等。在具体的体育教学实践中,这一类型的教学方

第五章　体质健康视角下体育教学手段与方法的选择

法会得到充分的利用。

操作性体育教学方法具有很强的普适性特点,它几乎适用于任何体育教学内容,在具体的体育教学实践中,体育教师要充分考虑体育课堂教学情境,尽可能地采用与教学情境相契合的教学方法,这样才有利于取得理想的教学效果。

大量的实践充分表明,在体育教学过程中使用最多的教学方法无非就是操作性教学方法,因此在有关体育教学方法类型划分的研究中,专门在这类教学方法的基础上进行分类的研究占据着很大的比例。

通过体育教学方法的分类,体育教师能对体育教学方法有更加清晰而深刻的认识。在具体的体育教学中,体育教师要根据课堂教学需要来选用教学方法。除此之外,为了提高体育教学方法的运用效果,还需要进一步细分教学方法,如以教学目标为依据,将上述第一类教学方法具体划分为知识型和能力型教法。不论采用哪种教学方法,其目的都是促进体育教学质量的提高,促进学生身心健康发展,促进学生运动技能的提高。[1]

(三)体育教学方法的特点

随着学校体育教育的不断发展,体育教学方法体系也越来越丰富和完善,这对于体育教学质量的提高具有重要的意义。总的来说,体育教学方法的特点主要体现在以下几个方面。

1. 以身体练习为主要手段

体育教学主要以身体练习为主,所选择的体育教学方法也大多是与身体练习有关的方法,这与其他学科教学有着很大的区别。体育教学过程可以说是一种运动性认知过程,学习者通过各种各样的身体练习能学习与掌握基本的体育知识,习得运动技能与方法,同时还能培养良好的价值观,提高审美能力。

2. 多种感觉器官同时参加工作

体育教学活动是师生间的双边活动,在这一活动之中需要师生的多种感觉器官同时参加工作,如通过各种视觉系统、听觉系统等接受信息,然后在中枢神经系统的指挥下,运用动觉、位觉、触觉等来感知自己身体的动作,如感知用力大小、用力幅度等,这样才能更好地控制动作,从而做

---

[1] 刘杨.高职院校推进"课程思政"教学改革的有效路径分析[J].科教导刊(下旬刊),2020(12):71-72.

出正确的技术动作。教学活动中所采用的体育教学方法也需要人的多种感官来参与,由此可见这也是体育教学方法的一大特点。

3. 练习效果的综合性

体育教学活动涵盖多个方面,涉及身体、思维、情感和意志等多方面的活动,在具体的教学中,以上几个方面都能得到很好的体现。学生在利用各种教学方法进行学习的过程中,不仅能提高运动技能,提高学习水平,还能在与人交往的过程中提高自己的社会适应能力。因此说,体育教学方法具有学习效果综合性的特点。

4. 具有一定运动负荷要求

伴随着体育教育的不断发展,大量的教学方法被应用于体育教学之中,使得体育教学方法呈现出多样化的趋势与特点。与其他课程不同,体育教学适宜身体运动为主的教学形式,其中各项运动项目都有一定的运动负荷要求,只有对学生机体施加必要的运动负荷,学生的体质水平和动水平才能得到提高。在具体的教学活动中,学生充分利用运动系统、神经系统、呼吸系统、心血管系统等参与技术动作的学习,在这一过程中,生理负荷和心理负荷是必不可少的。在具体的教学过程中,体育教师会施加给学生机体必要的运动刺激,这一运动刺激要适当,要依据学生的具体实际施加恰当的刺激,这样才能保证良好的教学效果。总之,体育教学要对学生的学习有一定的运动负荷要求,这也是体育教学的一个非常重要的特点。

5. 实践操作性特点

在体育教学中,会涉及各种各样的身体练习,因此,选择的体育教学方法要有利于学生身体活动的开展,要具有较强的可操作性,同时选择的教学方法还要为教学活动的组织提供必要的物质支持。因此说,实践操作性是体育教学方法的一个重要特点。

体育教学方法的选择受到各方面因素的影响,体育教师要结合具体的教学实践合理选择教学方法并依据学生的实际水平做合理的修正,做到灵活变通。总之,所选择的体育教学方法要符合教学实践,合理和灵活,便于调整。

6. 时空功效性特点

时空功效性也是体育教学方法的一个重要特点,这一特点在体育教学的三个阶段中得以呈现。

第五章　体质健康视角下体育教学手段与方法的选择

（1）开始阶段，在这一阶段中，体育教师要指导学生对所要学习的内容进行一定的分析，让学生事先了解学习内容。

（2）教学过程中，在具体的教学活动开展的过程中，学生主体地位体现得更加明显，通过不断的练习，学生的技能水平得以提高。

（3）结束阶段，体育教师要认真分析学习的效果，对学生的学习情况进行全面的总结，以为接下来的教学累积经验，实现本次课与下次课的时空有效衔接。

综上所述，以上教学活动中的三个阶段中所采用的教学方法呈现出一定的时空功效性特点。

7.动静交替性特点

体育教学是教师和学生的双边互动活动，在这一教学活动中，存在着动静结合的局面，所采用的体育教学方法也呈现出这样的特点。

①体育教学方法的"动"

体育教学方法的"动"是指学生要想学习、掌握和提高运动技能，所采用的教学方法要有利于学生身体练习和运动技能练习的开展，如此才能实现提高运动技能的目标。

②体育教学方法的"静"

体育教学方法的"静"主要是指学生在经过一定的活动练习后进行充分的休息。体育教学中的各项运动技能的练习都需要一定的运动负荷，在长时间的参加运动后，学生会产生一定的疲劳，这需要一定时间的恢复，这一身体恢复过程就体现出体育教学方法的"静"。所采用的教学方法必须要有利于学生积极的休息，这样才能有效促进学生身体机能的恢复。

8.师生互动性特点

体育教学是师生的双边活动，在教学活动之中，体育教师与学生之间发生着密切的联系，所采用的体育教学方法要有利于师生之间的沟通与交流。所选择的教学方法不应只是组织活动让学生参与，同时体育教师还要融入到学生的学习之中，对学生进行必要的指导。因此说，体育教学方法也呈现出一定的师生互动性特点。

9.继承发展性特点

继承发展性也是体育教学方法一个非常重要的特点。世界上不存在一种万能的教学方法，每一种教学方法都有一定的优点与缺点，任何教学方法都不是固定不变的，需要根据时代的发展和变化进行一定的调整，以符合体育教育的要求。体育教学方法要有所继承和发展,因此说继承发展性是体育教学方法的一个重要特点。

第二节 体育教学手段与方法的选择及应用

一、体育教学手段与方法的选择

(一)体育教学手段与方法选择的依据

为促进体育教学质量的提高,必须要加强体育教学手段与方法的创新。伴随着现代教育的发展,体育教学手段与方法也越来越多,为体育教师组织教学活动提供了多种选择的余地。作为一名合格的体育教师,要依据学生的特点及具体的教学实际合理选择教学手段与方法,这样才能保证取得理想的教学效果。具体而言,体育教学手段与方法的选择依据主要有以下几个方面。

1. 以体育教学的具体目标与任务为依据

体育教学手段与方法的选择还要以体育教学的目标和任务为依据,这是非常重要的一点。在具体的体育教学中,体育教师要针对不同的教学目标选择合适的教学方法。为此,体育教师需要学会和掌握教学目标的分类方法,只有如此才能根据不同的教学目标选择合适的教学手段与方法。

2. 以教材内容的性质和特点为依据

体育教学内容是多种多样的,每一个运动项目对体育教学手段和方法都有一定的要求,因此体育教师要依据体育教学内容选择合适的教学手段与方法。如跑步、跳高、投掷类等项目适合完整教学法;游泳、滑冰适合运用分解教学法等,体育教师一定要认识到这一点。

3. 以学生的具体实际为依据

学生是体育教学的主体,一切教学活动都要以学生的特点与具体实际进行。因此,体育教师在选择体育教学手段与方法时首先要充分考虑学生的需求和具体实际。如学生的知识结构、运动基础、学习态度、学习能力等都是重要的因素。

第五章 体质健康视角下体育教学手段与方法的选择

4. 以教师自身的素质为依据

体育教师也是体育教学活动的重要主体,"以人为本"的教学在某种意义上来说也包括以教师为本。体育教师对于学生的指导非常重要。由于每一名体育教师的综合素质都是不同的,因此在选择体育教学手段与方法时还要考虑教师的综合素质,以此为依据选择合适的教学手段与方法。如体育教师的知识结构、个性特长、运动能力、教学组织与管理能力等。不同的体育教师应根据自身的素质合理地选择相应的教学手段与方法,如运动技能较强的体育教师可以多选择示范和帮助的方法展开教学,而语言表达能力较强的教师则可以多用语言法、讲解法来组织教学活动,这样通常能取得不错的教学效果。

5. 以体育教学方法的实际为依据选择

世界上没有一种万能的教学手段与方法,每一种教学手段或方法都有一定的优点和缺陷。因此,体育教师要善于对这些教学手段或方法进行一定的优化与组合,以最大化地发挥出各个体育教学手段与方法的功用,如此才有利于取得理想的教学效果。

(二)体育教学手段与方法选择的过程

体育教学手段与方法的选择需要有一个过程,通常来说,主要遵循了解—分析—比较—选择等几个环节。每一个环节都是十分重要的,不能忽略。

1. 了解

这里的了解主要指的是体育教师要详细了解选择的体育教学方法,这是首要的环节也是十分重要的一个环节。在这一步中,体育知识的传授、动作技能的形成、学生个性与能力的培养等都需要体育教师去了解,从而选择出合适的教学方法。

2. 分析

世界上并不存在一种万能的教学手段或方法,任何教学方法都有一定的优点和缺点,因此体育教师需要结合具体的教学实际分析可能利用的教学手段与方法,从中择优,选择出更加符合当前教学实际的教学手段和方法。分析的要素主要包括教学目标、教学环境、教学需求等几个方面。体育教师一定要注意培养和提升这一方面的能力。

3. 比较

在体育教学中,能实现体育教学目标的手段与方法有很多种,对此体育教师就要对它们进行严格的比较,从中选择出最优的教学手段或方法。选择的标准主要是有利于学生的发展,有利于体育教学目标的实现。

4. 选择

在经过以上几个步骤后就可以进入选择体育教学手段与方法这一步骤,这一步骤是体育教学手段与方法选择的最后一步,体育教学手段与方法的选择最好是多种手段与方法结合起来,如此才能实现应用效果的最优化。

二、体育教学手段与方法的应用

(一)体育教学手段与方法应用应考虑的因素

体育教师在选择与应用体育教学手段与方法时需要考虑多方面的因素,这些因素主要包括以下几个方面。

1. 教师方面的因素

在体育教学中,体育教师处于一个"领导"地位,对学生起着重要的指导作用,在很大程度上决定着体育教学的质量和效果,其作用不容忽视。因此,体育教师要在平时不断地丰富和提高自己的理论知识与实践操作水平,为教学手段与方法的应用奠定良好的基础。

通常来说,教学水平较高、经验丰富的体育教师往往能依据具体的教学实际选择合适的教学内容,能吸引学生积极投入到教学活动之中。这一部分教师也能很好地利用好各种体育教学手段与方法,从而取得理想的教学效果。因此,体育教学手段与方法的应用要充分考虑教师这一方面的因素。

2. 学生方面的因素

学生是体育教学的主体,一切教学活动都要围绕学生进行。而体育教学手段与方法的选择也要充分考虑学生这一因素,依据学生的个性特点、运动基础、学习能力等具体实际合理选择。这关系到体育教学效果的好坏。因此,体育教师在应用各种教学手段与方法时也要充分考虑学生这一因素。

3.体育教学条件

体育教学手段与方法应用除了考虑体育教师与学生两方面因素外,还要充分考虑教学条件这一要素。如一个良好的体育教学场地与设施便于教学活动的开展,便于某一些特定教学方法的运用,这一点也是十分重要的。体育教师应用教学手段与方法时也要充分考虑到体育教学条件这一方面的因素。

(二)体育教学手段与方法应用的有效配合

世界上不存在一种万能的教学手段与方法,因此在应用的过程中要加强不同教学手段与方法的配合,力争取得最优的效果。

1.教与学的有效配合

体育教学是师生之间的双边互动活动,体育教师的"教"与学生的"学"都是非常重要的两个部分,通过二者有效的配合,才能实现理想的教学效果。因此,体育教师在应用教学手段与方法的过程中要充分考虑这一点。

2.外与内的有效配合

学生作为体育教学活动的主体,其表现会对整个教学活动产生极为重要的影响。学生的表现主要包括外在表现(如情绪、眼神、学习态度等)以及内部变化(包括心理及生理等方面)两个方面,这两个方面都会对整个体育教学活动的效果产生影响,因此体育教师在应用教学手段与方法时还要充分考虑以上这两个方面,要从学生这一教学主体的角度出发,做好学生外在表现与内在表现的有效配合,从而保证良好的教学效果。

3.前与后的有效配合

整个体育教学活动的进行都要遵循循序渐进的基本原则,循序渐进主要指的是由易到难,由简到繁,前后配合。体育教师在应用体育教学手段与方法时也要充分考虑这一方面。在不同的教学阶段,学生的表现是不同的,因此要结合学生的具体实际选择与应用教学手段与方法。

第三节 当前常见的体育教学手段与方法

随着体育教学的不断发展,体育教学手段与方法也越来越丰富,传统的体育教学手段与现代化的教学手段相互交融与发展,共同推动着体育教学的发展。下面就重点介绍常见的体育教学手段与方法。

一、常见的体育教学手段

（一）传统的教学手段

1. "挂图"教学手段

挂图属于一种重要的体育教学手段，在体育实践课中这一教学手段非常常用。挂图手段的使用能有效加深学生对动作的直观印象，帮助学生形成正确的动作表象，学习和掌握基本的动作要领，对于学生技术动作水平的提高是十分有帮助的。

体育教师在使用教学挂图时，需要注意以下几个方面的要求。
（1）认真筹划挂图的具体内容与使用时间、使用方法等，做好充分的准备。
（2）使用挂图要有针对性，符合体育教学的规律与特点，符合当前的教学实际。
（3）学生在观察挂图时，体育教师要给予必要的指导和启发。
（4）可以采用口诀等形式增强学生的记忆力。
（5）挂图的位置和指图时机一定要正确，要能充分激发学生的学习兴趣。

2. "学习卡片"教学手段

"学习卡片"可以说是一种重要的教学辅助手段，这一手段的利用有助于学生更好地学习与掌握运动技术要领，充分了解课堂的教学重点和难点，为接下来的学习做好充分的准备。

在当今的体育教学中，学习卡片这一教学手段得到了广泛的利用，通过这一手段，学生能获得非常直观的印象。但需要注意的是，学习卡片这一教学手段不利于运动，有时学生容易遗忘，体育教师要结合具体情况合理选择。

3. 各种"教具"

"教具"是指帮助学生掌握教学内容而运用与教学内容相关的教学用具。各种体育器材与设备都是重要的教具，如多媒体、球类、体操垫等，通过这些教具的使用，学生能有效地提高自己的运动水平，保证良好的教学质量。

第五章　体质健康视角下体育教学手段与方法的选择

（二）信息化背景下创新的教学手段

1. 体育微格教学

（1）微格教学概述

现代社会是一个信息化社会，各种信息化技术在社会各个领域得到了广泛的利用。在体育教学中，众多的信息化技术也被引入其中，取得了不错的教学效果。微格教学就是这样一种有利于体育教学质量提高的技术手段。

微格教学可以说是利用现代教学技术手段对教师的教学技能进行培训的教学方法。微格教学是一种缩小化的可控制的教学环境，它使准备成为或已经成为教师的人有可能集中掌握某一特定的教学技能和教学内容。相对于一般的教学手段，微格教学具有以下几个优点。

第一，它具有鲜明的针对性特点，有助于体育教师提高自己的单项教学技能。

第二，它具有一定的参与性特点，有利于学生主体性的发挥，有利于学生的个性化发展。

第三，它具有一定的实践性特点，有助于体育教师累积大量的教学实践经验，从而更好地应用于体育教学之中，促进体育教学质量的提高。

（2）体育微格教学的实施

体育微格教学手段的实施需要遵循一定的步骤，通常来说主要分为以下几个阶段。

①观察分析阶段

观察分析阶段非常重要，这一阶段的工作内容主要是以所要训练的某一项或几项技能为主要依据，从不同角度出发示范不同水平的片段，受训者在观察的基础上进行分析，分析的对象主要有体育教学大纲、体育教材、体育教学内容等，对这些方面进行分析的主要目的是确定合理的教学目标。

②模拟训练阶段

模拟训练阶段是体育微格教学的最为重要的环节，这一环节对于体育教学效果的获得具有重要的作用，因此一定要引起高度重视。首先让练习者备好课，备课的内容是一个教学片段，时间大概 5—15 分钟，教案中简要说明教学活动、学习活动、教学技能。体育教师要依据现有的教学条件和具体实际编写好合理的教学方案或计划，根据此开展体育教学活动。

③评价讨论阶段

评价讨论阶段属于体育微格教学的信息反馈与评价内容,应及时向培训者反馈。在这一阶段中,受训者要不断修改与完善教学方案,以有利于教学活动的顺利开展。

体育教学评价是体育教学的重要环节和内容,一般来说主要包括自评和他评两种方式。学生通过观看自己的教学录像,分析与评价自己的教学行为,就是自评。体育微格教学中的教师角色、学生角色、指导教师、评价人员等共同观看录像,集中评价,检查受训者是否通过努力达到了培训目标,这就是他评。体育微格教学评价中的自评与他评都非常重要,一定要结合起来使用。

④整合训练阶段

整合训练属于体育微格教学的"综合阶段",这一阶段也是非常重要的。在微格教学中应将单项训练与整合训练的关系妥善处理好,在单项技能训练结束后,开展小型课训练(时间15分钟左右),要求反映出学生各个技能的掌握情况,从而为体育教师的评价提供一定的依据。

体育微格教学的以上四个阶段都非常重要,体育教师采用这一教学手段教学时一定要严格按照既定的程序与步骤进行,以取得理想的教学效果。

2. 体育微课教学

(1)微课教学概述

如今,微课教学在体育教学中得到了一定程度的利用,对于体育教学质量的提高具有一定的作用。微课教学,是体育教师将微课的资源整合到日常课堂当中,根据学生的学习特点和学习进度,将微课资源与普通课堂相结合,从而实施教学的过程。其具体的流程为:制作微课程学习视频—设计学习内容、形式和方法—评价体育教学过程。体育教师一定要掌握体育微课课件的制作方法,严格按照既定的流程进行制作。

(2)体育微课教学的实施

体育微课教学的过程通常包括课前准备、课中教学和课后反思三个阶段。在具体的实施过程中需要严格遵循一定的要求。

①课前准备

课前准备主要包括对体育教学内容的选取、体育教学目标的确定、体育教学策略的制定、体育教学顺序的设计以及教学场地器材的安排等。在这一环节中,设计合理的体育课堂结构十分关键,体育教师要引起重视。

②课中教学

体育微课中的课中教学主要包括以下三个阶段,体育教师要严格按照以下三个阶段的要求组织教学活动。

导入阶段:一般来说,体育微课的时间比较短,要注意快速切入课题,留出更多的时间用来讲授内容。

教学阶段:教学过程中主要以解决一个技术问题为主线,讲解力求精而简,体育教师要善于启发和引导学生学习。

课后小结阶段:体育教师要根据体育课堂的实际情况做出客观、有效的总结,这有利于接下来的教学活动。

③课后反思

课后反思是体育微课教学的最终阶段,通过反思主要是检验教学目标是否与教学规律相符,训练过程中是否将"学会教学"和"学会学习"统一起来,这有利于对整个教学活动进行有针对性的改进,从而提高教学质量和效果。

二、常见的体育教学方法

(一)语言法

1. 讲解法

一般来说,讲解法非常常用,它常见于体育理论与技术实践中的各种技术要领的讲解。在体育教学中,讲解法就是指体育教师通过运用合理的语言向学生讲解基本的技术动作要领、方法和规则,帮助学生学习与掌握运动技能的一种教学方法。

为取得理想的体育教学效果,体育教师在利用讲解法时需要注意以下几个方面的要求。

第一,明确讲解的主要目的。

第二,保证讲解的内容要正确无误。

第三,讲解的过程要保证生动形象、简明扼要。

第四,要准确把握讲解的时机。

第五,讲解过程中要充分观察学生的具体表现。

2. 口令与指示

口令与指示法在体育实践课中非常常用,这种教学法的语言简短有力,能为学生学习与提高运动技能提供良好的指导和帮助。

应用口令和指示法时需要注意以下两方面的要求。

一方面,体育教师要准确把握指示的时机和节奏,保证学生学习与提高技术动作的正确性与协调性。

另一方面,体育教师运用口令时发音要洪亮,确保每一名学生都听得到。

(二)直观法

直观法,是指在体育教学中借助学生的视觉、听觉、触觉、肌肉本体感觉器官来直接感知教师的演示或外力帮助,以实现教学目标的方法。在体育教学中,常用的直观法主要有以下几种。

1. 动作示范

动作示范,是以亲身演示动作的形式使学生对动作形象、结构和要领有更深了解的方法,体育教师在利用这一方法进行教学时需要注意以下几点。

(1)要有明确的目的:体育教师的动作示范要根据教学的目标、内容以及学生的基本学情,来选择示范的次数、速度以及配合形式等。

(2)示范要正确:示范具有非常强的直观性,因此,示范务必要做到准确、娴熟,以显示出动作特点。在示范时经常会使用正反对比的方式,为此要做出错误动作来说明,以映衬出正确动作的特点。

(3)正确选择示范位置与方向:示范要在正确的位置上进行,以使所有学生都能看到清晰的示范。一般情况下,教师在做示范时会安排学生站成一字队形、扇形队形或圆形队形,要让学生都能清楚地看到教师的示范动作。

(4)示范与讲解有机结合:通常来说,主要有先讲解后示范、先示范后讲解、边讲解边示范等几种方式。体育教师在教学中要合理地选择与应用。

2. 教具与模型演示

教具与模型是体育教学中常见的一种直观教学方法。在使用时要确定演示所要达到的教学目标,使用的教具要适当,演示要注意时机,以取得理想的教学效果。

3. 视频播放

视频播放属于一种直观教学方法,也属于一种信息化技术教学手段。在使用这种方法时,教师要针对所讲授的内容选择匹配的视频片段,同时还要掌握控制视频开始、暂停、慢放等技术,以获得理想的教学效果。

4. 助力与阻力

助力与阻力,是指借助外力使学生更快建立起直观的本体感觉的方法。这一方法在足球、田径教学中较为常见。

5. 定向与领先

定向,是指以相对静态的视觉标志为学生的学习做出直观性引导的方法。领先,是指以相对动态的、越前的视觉标志为学生的学习做出直观性引导的方法。这两种方法的利用通常需要依据教学内容和学生的学情进行。

(三)完整法与分解法

1. 完整法

完整法,是指从动作的开始到结束完整传授给学生的方法。这种教学方法具有高效性和直接性的特点,适用于简单动作或者不便于对动作进行分解的教学。体育教师在使用完整法教学时需要注意以下几点。

(1)直接运用:对一些技术难度不大或连贯性较强的动作的讲解与示范结束后,即可采用完整法进行练习。

(2)强调重点:尽管动作难度可能不大,或是动作连贯性较强,但动作中仍旧存在重点。这就需要学生在练习时对动作重点有所关注,甚至需要反复刻意练习。

(3)降低难度:对那些由于连贯性过强而难以分解的动作,在做完整练习时可适当减小难度。

(4)改变练习的外部条件:对那些由于连贯性过强而难以分解的动作,在做练习时可增加一些外部保护措施,保证教学活动中的安全。

2. 分解法

分解法是将完整的动作以一定动作结构或规律进行分解后再行练习的方法。这种方法通常适用于难度较大或者比较复杂的技术动作。通过对各个技术环节的分割,逐个讲解,有利于学生更好地学习和掌握。

(1)技术动作的分解要以技术特点、规律为基础,分解要合理。

(2)各项技术动作的分解不能破坏一个完整动作节点。

(3)动作的分解要建立在完整动作概念基础之上,在学生熟练掌握后再进行完整技术动作的练习。

(四)预防与纠错法

预防与纠错法是对学生在学习过程中出现的错误采取预防性和实际性错误纠正的方法。预防具有一定的超前性,主要是在学生出现错误动作之前就采取措施将错误消除在萌生之前。纠正则面对的是已经发生了的错误,据此则应正确分析错误产生的原因,并及时采取干预予以纠正。这是体育教学中最为常用的教学方法之一。

一般来说,预防与纠错法主要包括以下几种方式。

1. 强化概念法

通过将正确的与错误的动作进行比对,再结合教师的讲解和强调,以此促进学生对正确动作的表象有更深刻的印象,从而能避免错误动作。

2. 转移法

在具体的体育教学中,通常会出现由于学生受旧运动技能影响而导致错误动作出现的情况。为此,可采取变换练习内容的方式予以解决,这就是转移法。实际上,不止可以变换练习的内容,变换练习环境、变化练习节奏等都是有效的手段。

3. 降低难度法

在体育教学中,有一些技术动作难度较大,不便于学生学习和掌握。为保证体育教学的质量和效果,体育教师可以采用降低难度的方法进行教学。如降低高度、降低速度、降低幅度等都是常见的形式。通过这一方法的利用,能激发学生学习的热情,从而更好地学习和掌握技术动作。

4. 信号提示法

当学生在练习中由于用力时间或空间方向不清楚而出现动作错误时,可以用听觉信号、口头提示学生的发力时间、用力节奏等。

5. 外力帮助法

由于学生对动作的发力部位、发力方向、发力大小等要素了解上不清晰时,则可给予一定的推、托、拉等外力协助来克服困难,从而达到实现教学目标的目的。

(五)游戏法

游戏法,是指在符合规则的条件下,学生完成特定游戏任务的教学方法。其特点为方式灵活生动、氛围活跃、变化性强、促进学生发散性思维。游戏法中所使用的游戏通常是与教学内容有一定关联的,而不是随意安排的游戏。例如,在乒乓球运动教学中为了增强学生下肢力量,可安排蛙跳赛跑游戏;在足球运动教学中为了增强学生的控球能力,可安排网式足球游戏等。通常都能取得不错的教学效果。

体育教师在运用游戏法进行教学时需要注意以下几个方面的要求。

(1)要以教学目标为基础来选择游戏活动,以及对游戏规则作出适度改变或提出相应要求。

(2)鼓励学生在教学过程中发散思维,培养和提高自己的创新意识与能力。

(3)体育教师仔细观察游戏过程,在游戏结束后对学生的表现进行必要的讲评。

(六)竞赛法

竞赛法,是指以比赛条件作为指导学生学习和练习的教学方法。这一方法具有重要的实践性特点,在体育教学中较为常用。

(1)明确竞赛法的目的:竞赛法的使用要确定目的,整个组织活动也要服从教学目标。

(2)合理配对、分组:学生的配对与分组要有一定的针对性,每组成员的实力要均衡。

(3)适时运用:学生在熟悉和掌握基本的技术动作后可以采用竞赛法,以更好地提高运动技能。

第四节 体质健康视角下体育教学手段与方法的优化与发展

体育教学手段与方法的优化、发展除了遵循体育教学的规律,保证实现良好的教学效果外,还要以促进学生的身体发展为重要依据。因此,以学生的体质健康为视角加强体育教学手段与方法的优化与发展是非常重要的。

一、体质健康视角下体育教学手段与方法的优化

在体育教学手段与方法优化的过程中需要遵循以下几个基本原则,这样才能取得理想的优化效果。

(一)简便性原则

简便易行是体育教学手段与方法优化的一个重要原则,体育教师在优化教学方法的过程中要始终坚持这一原则,这对于体育教学效果的取得具有重要的意义。简便易行的基本原则要求体育教师对体育教学方法的实施步骤与程序进行简化,将不必要的操作舍弃,但不能破坏结构上的紧密性、协调性与连贯性,也不能对体育教学方法功能的发挥造成干扰,更不能影响教学效果。经过处理后的体育教学方法应更加精简、有效,这样才能取得理想的教学效果。

实际上,简便并不是体育教学手段与方法选择的唯一的标准和原则,这样容易导致教学评价的片面性,不利于教学目标的实现。所以,在对体育教学方法进行优化的过程中,不能孤立地考虑简便性原则,还要考虑其他方面的原则,要结合起来使用。

(二)系统性原则

系统性原则也是体育教学手段与方法优化的一个重要原则。遵循与贯彻系统原则需要注意以下几个方面的要求。

1. 体育教学方法本身的存在形式具有系统性

(1)体育教学方法的构成要素之间是有机联系的,它们相互融合成为一个整体,该整体所具有的系统性是其各组成要素所不具备的。

(2)体育教学方法系统中的各个子系统都具有层次性,相互联系,发挥着独一无二的功能,任何一个子系统都不能被其他子系统替代。

(3)体育教学方法系统中的各要素相互作用,共同推动着同一目标的实现。这个目标就是整体目标或系统目标。

(4)体育教学方法系统内部各要素相互联系,相互促进,需要综合利用才能取得理想的教学效果。

2. 体育教学方法与环境的互动是开放的

体育教学方法具有开放性的特点,这是由体育教学系统的特点决定

第五章　体质健康视角下体育教学手段与方法的选择

的。体育教学方法的生存与发展离不开与环境的开放式互动。体育教学方法本身的开放程度越大,同环境的关系越紧密,就越有利于自身的发展,有利于体育教学系统的发展。

总之,体育教师在优化与升级体育教学方法时,要充分遵循与贯彻系统性的基本原则,从整体上把握体育教学方法的优化,深入探讨体育教学方法与其他要素之间的关系,如此才能实现预期的教学方法与手段优化的目标。

（三）动态性原则

体育教学方法不是固定不变的,而是随着时代的发展以及体育教育的改革而不断完善与丰富,可以说体育教学手段与方法是始终处于动态变化之中的。因此,体育教学手段与方法的优化也要遵循动态性的基本原则。在一定历史时期内,体育教学方法具有一定的稳定性,但在体育教学过程中具体运用这些教学方法时,很多因素又会对方法的实施及最终效果造成影响。而且,体育教学方法与手段也随着体育教学思想、体育教学内容的变化而不断变化,其在一定程度上对体育教学思想、内容具有依附性,因此优化体育教学手段与方法要充分遵循动态性的基本原则。

体育教学手段与方法的优化需要先被接受,然后才能运用到具体的教学实践中,经过实践检验后被校正、修改,从而一步步趋于完善,这是一个长期的过程。体育教学方法优化后运用到教学活动中,最终效果会受到教学对象、教师、教学场地与设施等各方面的影响,这需要体育教师综合考虑。

体育教学方法是始终处于发展和变化之中的,体育教师在优化体育教学方法的过程中要充分认识到这一点,不能机械化地对待每一种方法,也不能完全将某种教学方法限定在某个领域使用,这种僵化的思想会导致体育教学方法的功能作用得不到发挥,总之,坚持动态性原则有利于体育教学方法体系的构建与完善。

（四）综合复用原则

发展至今,大量的体育教学手段与方法在体育教学中得到了充分的利用,已逐渐形成了一个大的系统,在这一系统内,包含诸多的要素。这些要素之间具有一定的互补关系,共同促进着体育教学目标的实现。正因如此,体育教师在优化与改进体育教学手段方法时必须贯彻综合复用的基本原则。也就是说,为了实现预期的体育教学目标,必须从系统角度出发优化组合不同的教学方法或同一教学方法中的若干因素，使体育教学方法的综合功能得到充分发挥。综合复用原则对我们在体育教学中如何运用体育教学方法以及采取何种方式让所选教学方法的作用得到充分发挥具有积极的指导意义，因此这一点需要引起重视。

一般来说，不同的教学方法在功能上有着一定的区别。任何一种方法本身也存在一定的局限性，正因如此，在一定程度上，方法的局限性对方法本身的发展也是有促进意义的。

如果现有的体育教学手段和方法无法适应学校体育教学的要求，无法满足学生学习的需要，难以实现既定的体育教学目标，就需要对原来的教学方法进行改革、升级与创新。体育教学是复杂的教学活动，在教学过程中涉及丰富多样的教学内容，要完成多方面的教学任务，实现多个领域的教学目标，为了适应这一要求，在教学过程中必须采用多元配套的体育教学方法。但在具体的教学实践中，因为体育教师没有充分认识到体育教学的复杂性，所以习惯性地将某种教学方法或模式一用到底，会导致难以取得理想的教学效果。因此体育教师一定要学会综合利用，严格遵循综合复用的基本原则去升级与更新教学手段或方法。

二、体质健康视角下体育教学手段与方法的发展

（一）体育教学手段的发展

1. 转变思想，掌握现代化教学技能

大量的实践表明，要想促进体育教学手段的发展必须要转变思想，革新旧有的教学思想和观念。学校体育教学设施条件较差、体育教师本身现代化教学意识薄弱、长期在室外开展的体育课对现代化教学手段的运用较少等都是导致体育教师现代化教学技能水平较差的主要原因。体育教师缺乏现代化教学技能，又直接制约了体育教学的现代化发展。为了改变这一现状，体育教师应主动转变思想，树立现代化教育理念，积极学习一些操作性强且对提高课堂教学质量有帮助的现代化教学技能，这样才有利于取得理想的教学效果。

如今，伴随着现代科学技术的发展，大量的现代化教学手段得到了充分的利用，但是现代化的教学手段也存在一定的局限性，我们要尽可能地发挥它们的可取之处，取长补短、综合利用。而现代化教学手段能否真正为实现教学目标、提高教学效果而服务，在一定程度上是由体育教师对现

第五章 体质健康视角下体育教学手段与方法的选择

代化教学手段的运用能力所决定的。因此,要推动体育教学的现代化发展,首先要培养体育教师的现代化教学素养,使其具备熟练运用各种现代化教学手段的能力。体育教师要从思想上加强对现代化教学手段的认识,积极参加一些培训活动,提高自己现代化教学的能力。

2. 合理的优化与运用体育教具

伴随着时代的不断发展,我国学校体育教学的内容越来越丰富,教学手段越来越多样,这极大地提升了体育教学的质量和效果。如今,体育课堂教学中开始运用大量的现代教学工具,其优势在于学生有了更多的自主学习时间和更宽松的自主学习空间,理论学习不再单调,具有了生动性,激发了学生学习的兴趣,促进了体育教学质量的提高。

可以说,如今各种现代教具的利用为体育教学活动提供了一定的便利,如对体育教师来说要生动立体地讲解一些运动项目的规则、动作技巧是有难度的,教师找不到能够使学生易于接受和一目了然的方式来呈现这些内容,而以视频、图片等现代化的形式授课,就能很容易解决这一问题。

3. 积累与分享资源,发挥网络教学资源的价值

在体育教学不断发展的背景下,对体育教学的各项要素的要求越来越高,原来的体育教学资源已经不能满足的体育教师的需求,体育教师在这方面有了更大的需求,为了满足教师不断增长的需求,必须要构建一个科学的平台为体育教师的教学提供便利。

为解决教学资源短缺的这一问题,需要利用最新的网络技术构建一个科学的网络平台,建设一个完善的体育教学资源库。在体育教学资源库建设的过程中,体育教师应积极参与其中的建设,如养成积累素材的好习惯,定期对好的教学素材进行分类整理,以充实与丰富资源库,实现资源共享。从长远来看,建设体育教学资源库是一个十分重要的教学途径和手段,对于体育教学质量的提高具有非常重要的意义和作用。

(二)体育教学方法的发展

在体质健康视角下,体育教学方法的发展可以采取以下几个策略。

1. 从整体上合理编排体育教学方法

在具体的体育教学中,体育教师必须要选择与编排合理的体育教学方法组织教学活动,这样才有利于体育教学目标的实现。在体育方法体

系中,有些教学方法是具体的,有些则是抽象的;有些是显见的,而有些是隐性的。这就需要体育教育不断提高自己的选择与编排体育教学方法的能力。

通过体育教学方法的应用能实现什么样的教学效果,反映了这一教学方法是否合理。判断体育教学方法是否适用和合理还要通过体育教学效果来判断。一般来说,体育教学方法要产生某种效果,就必须作用于学生。教师与学生这两个教学主体可谓连接着教学方法的两端。这两个主体都会影响体育教学方法的应用情况,进而影响体育教学的效果,只有体育教师与学生相互协调配合,才有可能取得理想的体育教学方法的实施效果。

总之,为了提升体育教学方法的应用效果,体育教师除了要提升自身教学素养与业务能力外,还要考虑到学生的学习水平与对教学方法的接受能力,这一点非常重要。

2. 加强体育教学方法的统整与筛选

学校体育教育对于学生未来的发展是非常重要的,一个人的个性、价值观等都是在学校教育阶段所形成的。其中,体育教学对学生这几个方面的影响很大,对学生身心健康发展,对学生世界观、价值观、人生观等的形成与发展。因此,体育教师在编制教学方法时也要充分考虑学生未来的发展,这也是体育教学方法创新需要注意的一方面。

因此,体育教师在统整筛选体育教学方法时要充分考虑学生的未来发展,多选择由多种手段组合而成的新式教学方法,实现综合利用,这样有利于实现体育教学目标,也有利于学生的未来发展。

3. 依据具体的教学实际及学生体质发展情况不断扩展与改进体育教学方法

大量的实践表明,体育教学方法的运用效果如何,与具体的教学条件有着非常密切的关系,如教学场地、教学器材、课程实施条件、学生身体素质等因素都会影响教学方法应用的效果,因此,体育教师在改进与创新体育教学方法时还要充分考虑以上因素。

由于每一所学校的具体情况都是不同的,同一种教学方法不可能适应所有的学校,因此,体育教学方法的创新要结合学校现有的条件进行,为了实现良好的应用效果,体育教师还需要及时改进与扩张体育教学方法,使其与现有环境条件更相符,促进学生的健康成长。

关于体育教学方法的扩展,主要指的是教学方法在功能、应用范围等方面的扩展,如随着体育教育的改革与发展,出现的按兴趣分组、按性格分组、按基础水平分组等分组方法就属于体育教学方法的扩展,这对于体育教学质量的提高及学生的健康发展都是非常有利的。因此,加强体育教学方法的扩展与改进是体育教学方法改革与发展的重要手段。

第六章　体质健康视角下体育教学模式的创新与发展

体育教学模式是对体育教学活动进行组织与调控的完整方法论体系,教学模式不仅能够为教学设计提供理论思路,还能为教学实践提供方法指导。在体育教学中对体育教学模式的构建与运用情况直接影响体育教学效果,影响促进学生体质健康的教学目标的实现。在体质健康视角下,学校要树立健康第一的教学理念,在科学理念下改革与创新体育教学模式,充分发挥现代多元教学模式的功能与价值,提高体育教学质量,促进学生健康与全面发展。本章主要基于体质健康视角而探讨体育教学模式的创新与发展:首先,阐述体育教学模式的基本理论;其次,分析常见体育教学模式及其应用;再次,探讨体育教学模式的未来发展趋势与对策;最后,对"课内外一体化"教学模式及"俱乐部课制"教学模式的应用与发展进行研究,通过运用新型教学模式来进一步促进学生体质健康水平的提升。

第一节　体育教学模式理论基础

一、体育教学模式的概念与结构

(一)教学模式与体育教学模式

教学模式是指反映特定教学理论逻辑轮廓,为实现某种教学任务的相对稳定而具体的教学活动结构。体育教学模式是在体育教学思想或教学理论的指导下,按照体育认知规律和技能形成规律的要求,在体育教学环境下为提高体育教学效益而建立起来的较为稳定的、多维指向的体育教学实践系统。[1]

（二）体育教学模式的基本结构

存在于一定时间与空间中的体育教学模式在时间维度与空间维度上有不同的表现，在时间维度上表现为如何对教与学的双边活动进行安排，在空间维度上表现为体育教学思想、教学目标、教学主体的地位、关系以及各教学要素之间的相互关系等。体育教学模式由体育教学思想与目标、教学内容、教学方法与条件等多个因素组成。

体育教学模式的基本结构如图6-1所示。

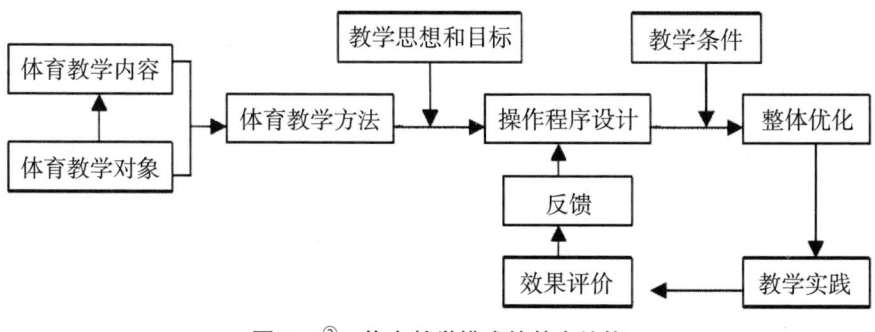

图6-1[2]　体育教学模式的基本结构

二、体育教学模式的分类

（一）依据体育教学要素进行分类

体育教学包括体育课程、体育教学思想理论、教学目标、教学方法、教学组织形式等要素，从这些要素出发可将体育教学模式划分为多种不同的类型，如图6-2所示。

（二）依据体育教学的本质特征进行分类

现代体育教学活动的本质特征是"运动技术学练"，依据这一本质特征，并结合"二分法"原理，可以将体育教学模式划分为运动技能类教学模式与非运动技能类教学模式两种类型（图6-3），这种分类方法将运动

---

[1] 邵伟德.体育教学模式论[M].北京：北京体育大学出版社，2005.
[2] 葛冰.体育教学模式的整体优化研究[D].东北师范大学，2007.

技能类教学模式单独划分出来作为体育教学模式的一个大类。

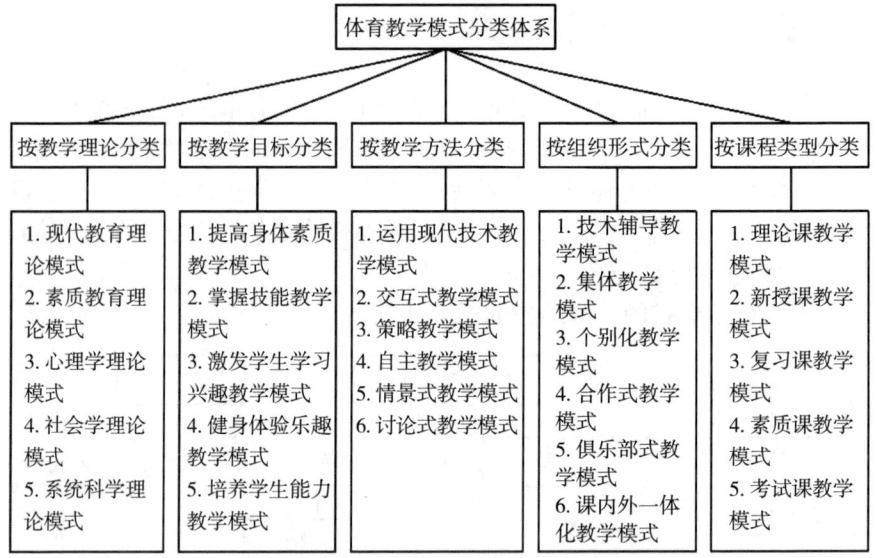

图 6-2[①]　体育教学要素为依据的体育教学模式分类

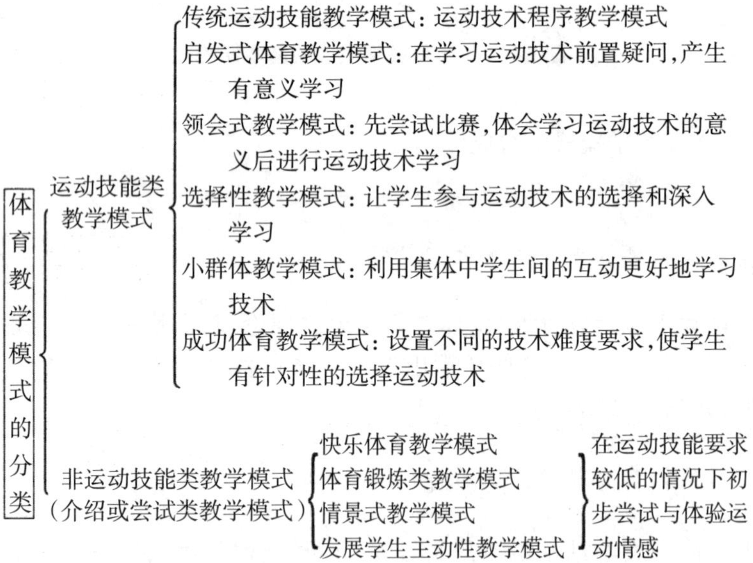

图 6-3[②]　体育教学本质特征为依据的教学模式分类

---

① 葛冰.体育教学模式的整体优化研究[D].东北师范大学，2007.
② 邵伟德.体育教学模式论[M].北京：北京体育大学出版社，2005.

第六章　体质健康视角下体育教学模式的创新与发展

（三）依据体育教学目标进行分类

随着新课程标准的深入改革，体育教学目标越来越多元、具体，基本可以概括为身体健康、心理健康、社会适应能力、运动参与以及运动技能五个领域的目标。基于目标领域的划分，可以将体育教学模式划分为运动技能教学模式、身体素质教学模式和心理发展类教学模式三种类型（图6-4）。这种分类方法同样将运动技能类教学模式单独划分成一个独立的模式类型。

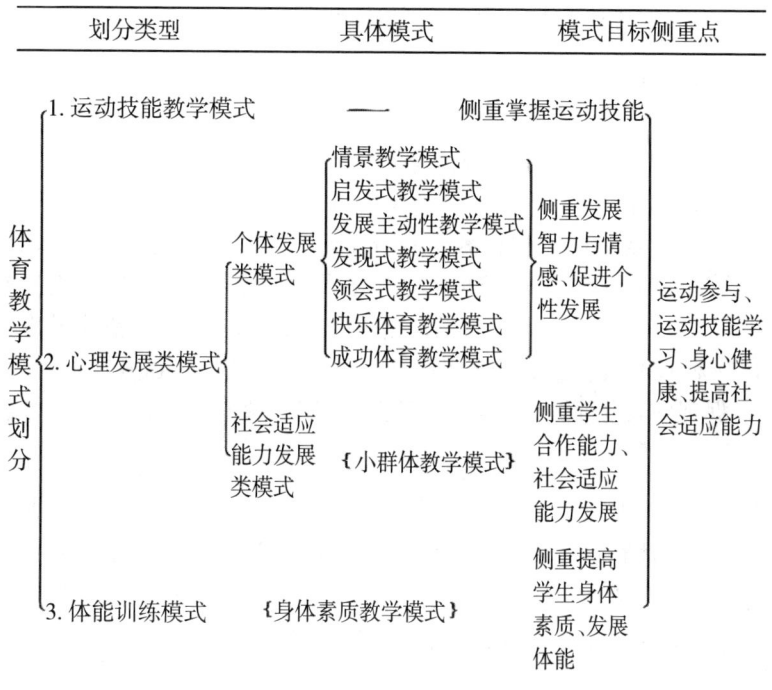

图6-4[①]　体育教学目标为依据的教学分类

三、体育教学模式的特征

（一）理论性

体育教学理论体现于体育教学思想中，体育教学思想要从理论层面转化为现实，需要借助体育教学模式这个重要载体，所以说理论内核是体

---

① 邵伟德.体育教学模式论[M].北京：北京体育大学出版社，2005.

育教学模式的必备条件之一。通过体育教学模式的运作可以直观具体地体现体育教学思想和教学理论，体育教学模式是连接体育教学理论与教学实践的重要桥梁，促进了教学理论与实践的有机结合。

（二）简明性

体育教学模式对体育教学过程加以概括并进行表达的过程中，所采用的语言是精炼的，图像是直观且具有象征性的，符号是明确的。通过这样的表达，可以对复杂的教学过程进行高度概括，使学生大脑中建立一个简明的但比抽象理论具体一些的教学框架。

（三）整体性

体育教学模式是基于对体育教学过程基本框架的整体考虑而构建的，既要对教学主体、教学设施等教学要素以及各要素之间的内在联系进行分析研究，又要对影响体育教学的外部环境因素进行分析研究，以便综合考虑教学内部环境和外部环境及内外影响因素，从而更好地确立教学目标、选择教学方法、规范教学活动、解决教学问题。基于整体考虑而构建基本教学框架后，要在教学实践中检验教学框架的结构是否合理、稳定，并根据现实反馈而加以调整与完善，以完善教学模式，提高教学效果。

（四）操作性

在长期的体育教学实践中，借鉴丰富的教学经验，经过不断的提炼与加工而构建的体育教学模式在现实中的可行性与操作性更强，能够为体育教学活动的开展提供可靠的方法指导。

（五）稳定性

在长期的体育教学实践中，经过现实检验而逐步定型的体育教学模式在结构上是比较稳定的。不同体育教学模式的适用条件有差异，当具备运用某一教学模式的特定条件时，该模式就能运用于课堂教学中，而且能够比较顺利地实施各个教学环节，发挥稳定的教学功能。在不同情况下运用同一种体育教学模式时，教学程序与各个环节可以有稍微的调整，但基本是定型的，整个操作过程的变化不大。如果在教学模式的运用过程中操作程序与各环节发生了明显的变化，说明该模式的成熟度还不高。

体育教学模式从理论上高度概括了体育教学实践活动，而不是简单地描述偶然或个别的教学现象,高度概括化了的教学模式能够将具有普遍意义的体育教学规律反映出来。揭示科学教学理论和反映普遍教学规律的教学模式具有很强的稳定性。

（六）优效性

从体育教学实践中经过高度概括与精确提炼而构建的定型化的体育教学模式具有强大的生命力和明显的效力,择优选取的教学模式既操作方便,可行性高,又能促进教学效率的提高。只有优效的教学模式才能长期立足和发展下去,否则就难逃被淘汰的命运。

第二节　当前常见的体育教学模式及应用

一、运动技能传授模式及应用

（一）模式简述

运动技能传授模式指的是教师在运动技能教育观的指导下,从运动技能形成规律出发而设计体育教学程序的一种教学模式,也被称为"传统体育教学模式"。这种模式主要是通过学习运动技术达到掌握运动技能的目的。体育教师应先准确理解与深刻把握动作技术的特征及规律,在此基础上给学生传授运动技能与方法,从而实现运动技能领域的教学目标。

（二）实践应用

1. 应用程序

在体育教学实践中运用运动技能传授模式的操作程序如图6-5所示。

2. 拓展应用

随着传统体育教学模式的不断改革与拓展,在此基础上形成了"师生合作式""教师辅助式"等新的教学模式,它们在体育教学中应用的操纵程序分别如图6-6和图6-7所示。

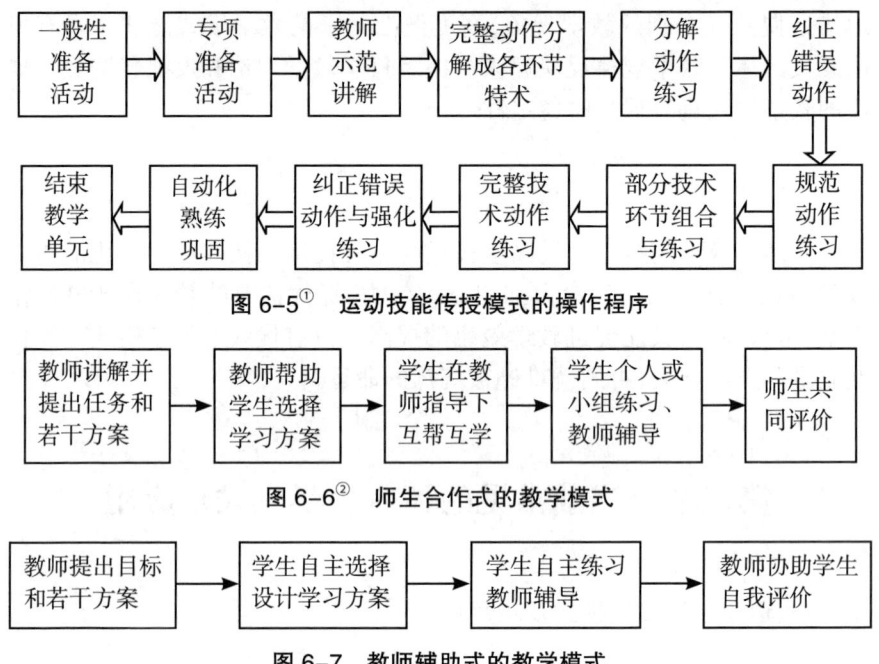

图 6-5[①]　运动技能传授模式的操作程序

图 6-6[②]　师生合作式的教学模式

图 6-7　教师辅助式的教学模式

二、主动性体育教学模式及应用

（一）模式简述

主动性体育教学模式是指体育教师在体育教学中创造条件使学生主体充分发挥自主性，提高学生学习积极性的教学模式。

主动性体育教学模式能够实事求是地、有针对性地培养学生的主体意识，有利于培养与提高学生的学习主动性和自主学习能力。该模式要求学生有良好的学习自觉性和一定的自学能力，否则运用这一教学模式将无法取得预期的教学效果。

---

① 吴烦.武汉市中小学体育教学模式的选用现状及发展对策研究[D].湖北大学，2016.
② 邵伟德.体育教学模式论[M].北京：北京体育大学出版社，2005.

第六章 体质健康视角下体育教学模式的创新与发展

（二）实践应用

1. 应用程序

在体育教学实践中应用主动性体育教学模式的操作程序如图6-8所示。

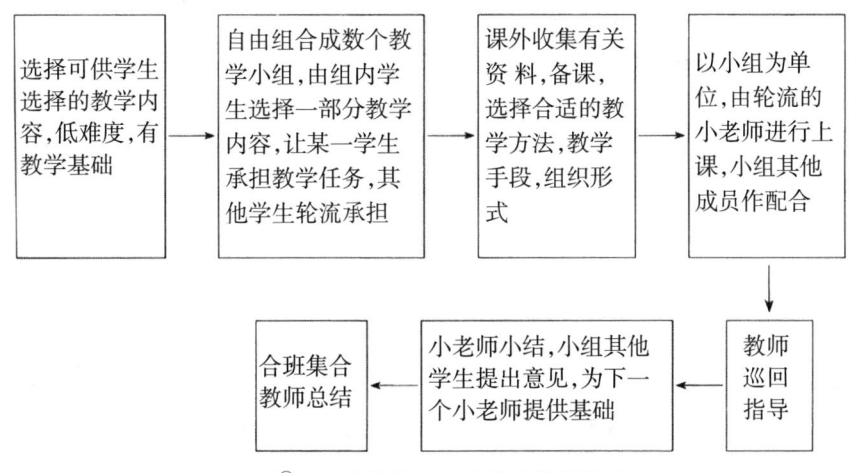

图6-8[①]　主动性体育教学模式的操体程序

2. 应用举例

在"蹲踞式跳远"技术教学中采用主动性教学模式，可以培养学生学习的积极性，操作流程如图6-9所示。

三、小群体体育教学模式及应用

（一）模式简述

小群体体育教学模式指的是体育教师按某些共性和特殊性的联系将学生分成若干学习小群体，使学生在"互动、互助、互争"的学习活动中获取知识与技能、陶冶性情、树立集体主义精神及完善人格的一种教学模式。

小群体教学模式由创设疑难情境、观察学生对情境的反应、群体研究、分析探究过程以及循环活动五个阶段构成。

---

① 邵伟德.体育教学模式论[M].北京：北京体育大学出版社，2005.

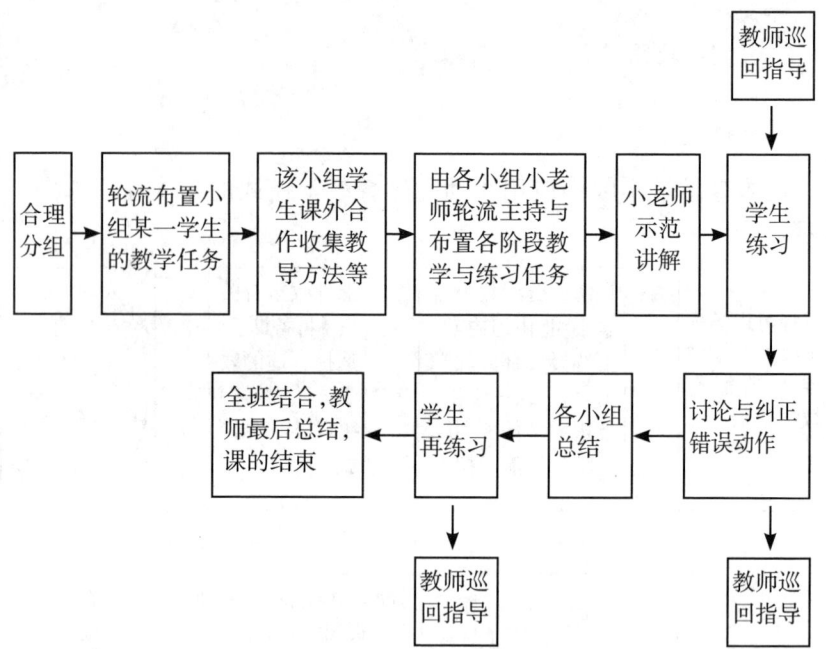

图 6-9[①]　主动性教学模式的应用流程

（二）实践应用

1. 应用程序

在体育教学实践中应用小群体体育教学模式的操作程序如图 6-10 所示。

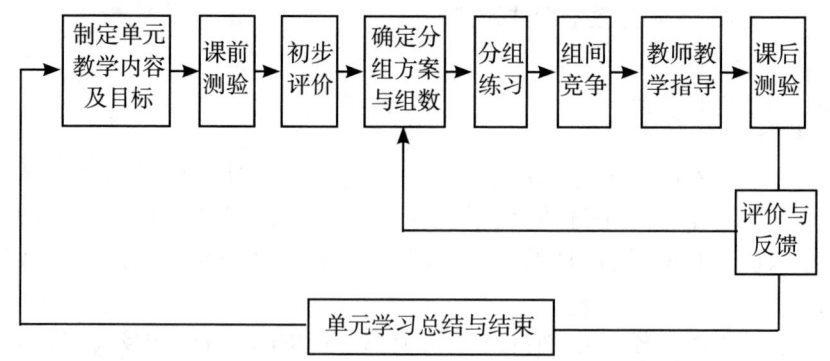

图 6-10　小群体体育教学模式的操作程序

---

① 邵伟德.体育教学模式论[M].北京：北京体育大学出版社，2005.

2. 应用举例

以鱼跃前滚翻教学为例,采用小群体教学模式能够培养学生的协作能力,应用流程如图 6-11 所示。

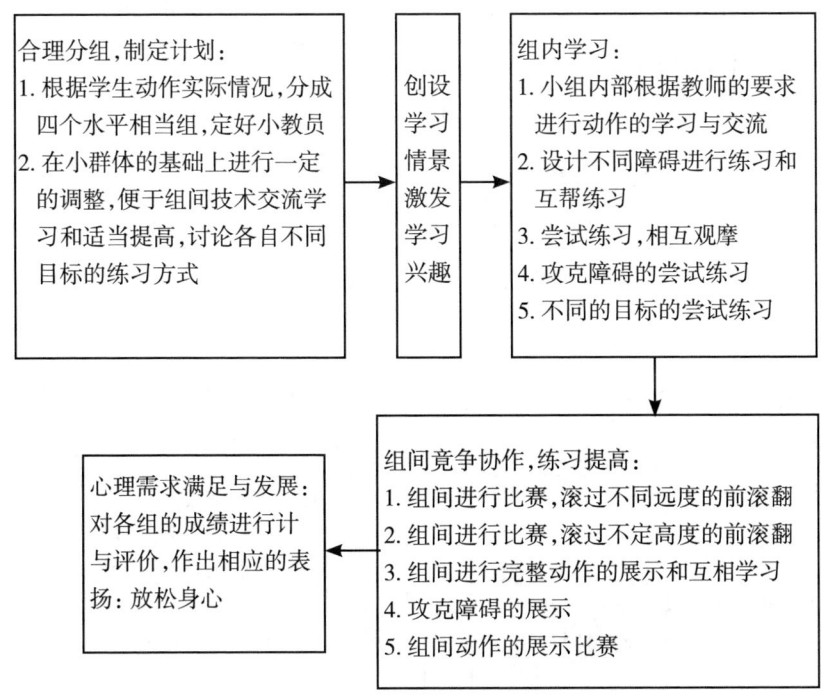

图 6-11[①]　小群体体育教学模式的应用流程

四、快乐体育教学模式及应用

（一）模式简述

快乐体育教学模式指的是在体育教学中以运动为基本手段,采用合适的教学方法增强学生体质,使学生获得快乐体验的教学模式。

快乐体育教学模式有利于调动学生学习的积极性和主动性,它能够在无运动技术要求的情况下增加练习的时间,从而提高运动技能。这一模式也特别注重感情因素和情感体验的发展,能够有效改进体育教学。采用快乐教学模式,要注意避免教学内容的单一和教学方法的单调重复,否则会影响学生的学习兴趣。

---

① 邵伟德.体育教学模式论[M].北京:北京体育大学出版社,2005.

(二)实践应用

1. 应用程序

在体育教学实践中运用快乐体育教学模式的操作流程如图 6-12 所示。

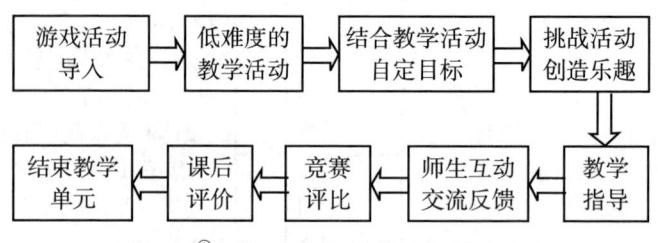

图 6-12[①] 快乐体育教学模式的操作程序

2. 应用举例

在鱼跃前滚翻动作教学中运用快乐体育教学模式,可以活跃课堂气氛,调动学生学习的积极性,具体流程如图 6-13 所示。

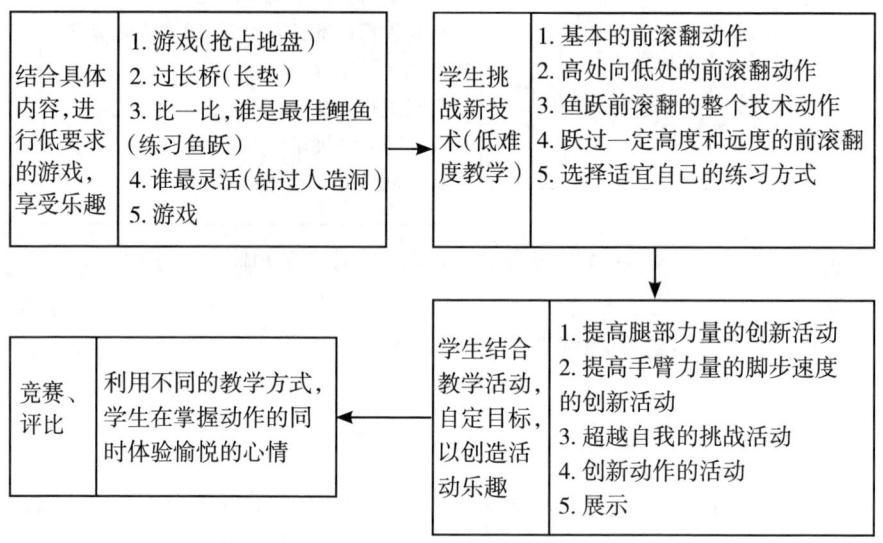

图 6-13[②] 快乐体育教学模式的应用举例

---

① 吴烦.武汉市中小学体育教学模式的选用现状及发展对策研究[D].湖北大学,2016.
② 邵伟德.体育教学模式论[M].北京:北京体育大学出版社,2005.

第六章　体质健康视角下体育教学模式的创新与发展

五、启发式体育教学模式及应用

（一）模式简述

启发式体育教学模式指的是围绕学生主体开展体育教学活动，以学生的积极主动性为基础，使学生积极思考与独立探究问题，发现并掌握知识，最后得出相关结论的一种教学模式。传统体育教学中注重的是"教法"的改革，忽视"学法"研究，启发式教学模式转变了思考问题的角度，从研究教法的圈子中跳出来，让学生参与教学，探索知识，以培养学生的探索精神和创新能力。

（二）实践应用

1. 应用程序

在体育教学中运用启发式教学模式的操作流程如图6-14所示。

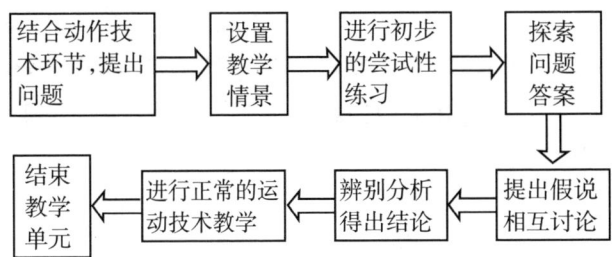

图6-14[①]　启发式教学模式的操作流程

2. 应用举例

在足球行进间脚内侧传接球技术教学中运用启发式教学模式，可取得良好的教学效果，操作流程如图6-15所示。

[①] 吴烦.武汉市中小学体育教学模式的选用现状及发展对策研究[D].湖北大学，2016.

· 135 ·

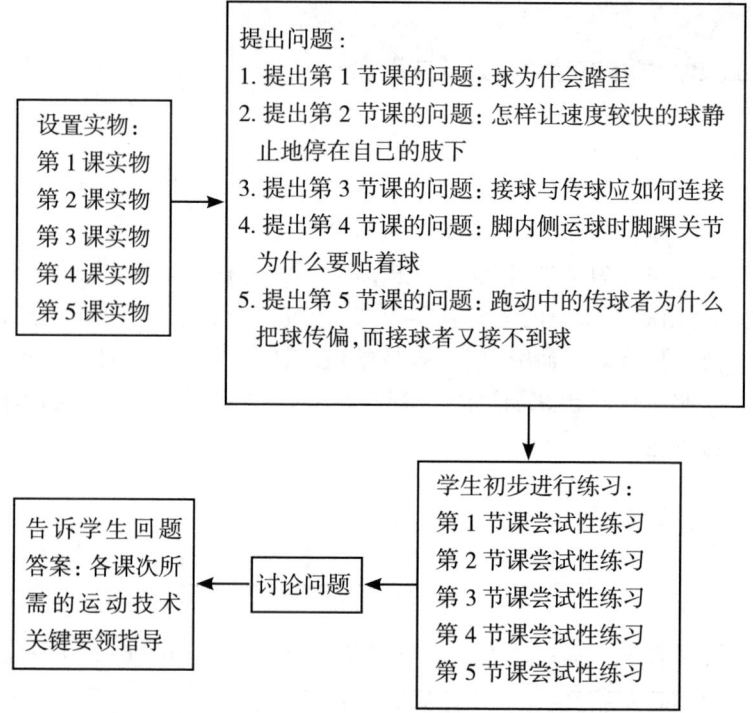

图 6-15[①] 启发式教学模式应用举例：足球行进间脚内侧传接球

跨栏跑教学中也适合采用该教学模式，以提高学生的独立探索能力及学习能力，操作流程如图 6-16 所示。

六、网络教学模式及应用

（一）模式简述

信息化教学是现代体育教学发展的一个重要趋势，随着信息技术在体育教学中的广泛应用，网络教学、课堂教学、正式比赛（合称"三元"）和体育学习共同体（"一体"）共同组成了"三元一体"体育教学模式。该模式的理论框架如图 6-17 所示。

[①] 邵伟德.体育教学模式论[M].北京：北京体育大学出版社，2005.

第六章 体质健康视角下体育教学模式的创新与发展

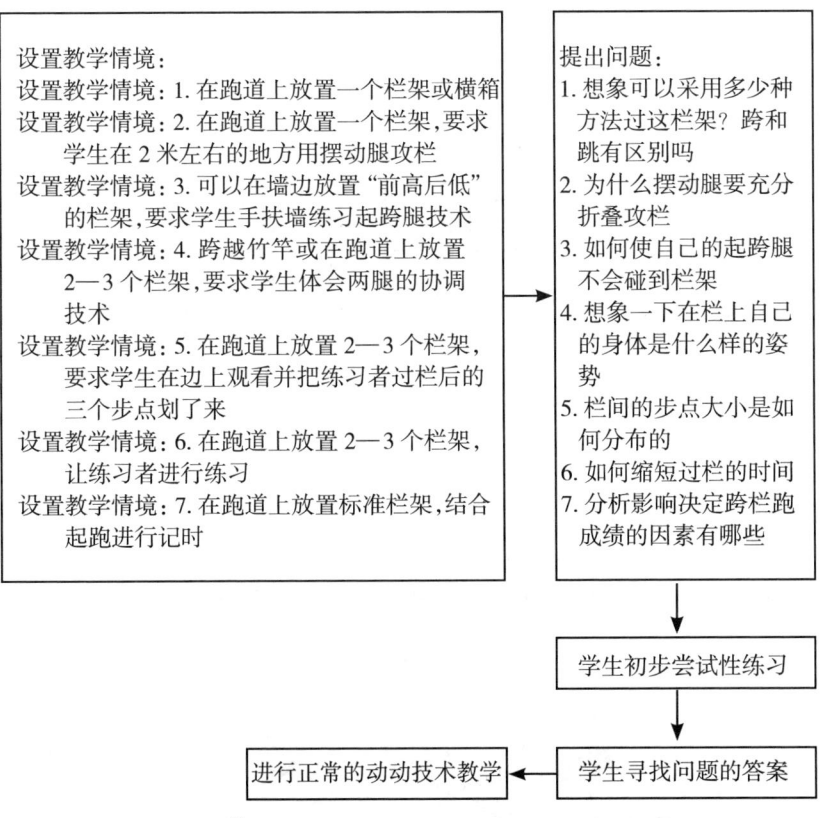

图 6-16[①] 启发式教学模式应用举例：跨栏跑教学

（二）实践应用

虚拟情境、认知和实践相分离是网络教学最大的特点。虽然学生只通过网络学习无法顺利达到掌握运动技能的目的，但网络教学具有强化认知、增加反馈等功能，这为学生掌握运动技能提供了良好的基础保障与外部条件。网络教学在学生运动技能形成中的作用如图 6-18 所示。

[①] 邵伟德.体育教学模式论[M].北京：北京体育大学出版社，2005.

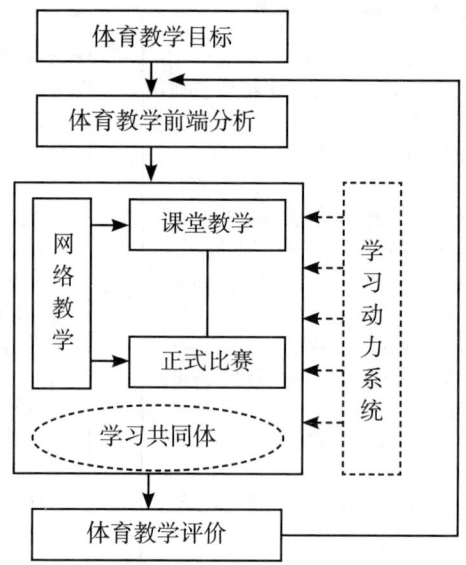

图 6-17[①]　网络教学模式的理论框架

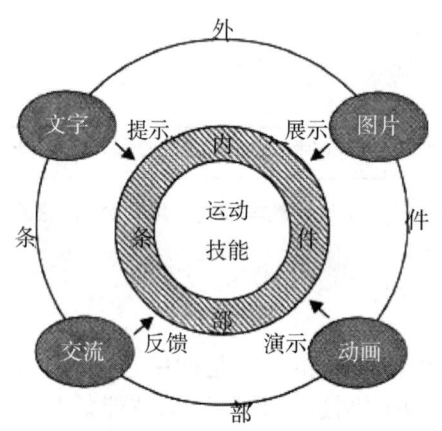

图 6-18　网络教学在学生运动技能形成中的作用

在体育网络教学中,最重要的是设计网络课程,包括设计具有重要导航作用的相关功能模块,要在课程的总体框架中将此重点体现出来,在设计中要注意层级的适宜性,以明确教学内容,便于学生自主学习与掌握。

以篮球教学为例,网络教学模式的应用结构如图 6-19 所示。

---

① 周新.篮球网络教学模式的实验研究[D].郑州大学,2011.

第六章 体质健康视角下体育教学模式的创新与发展

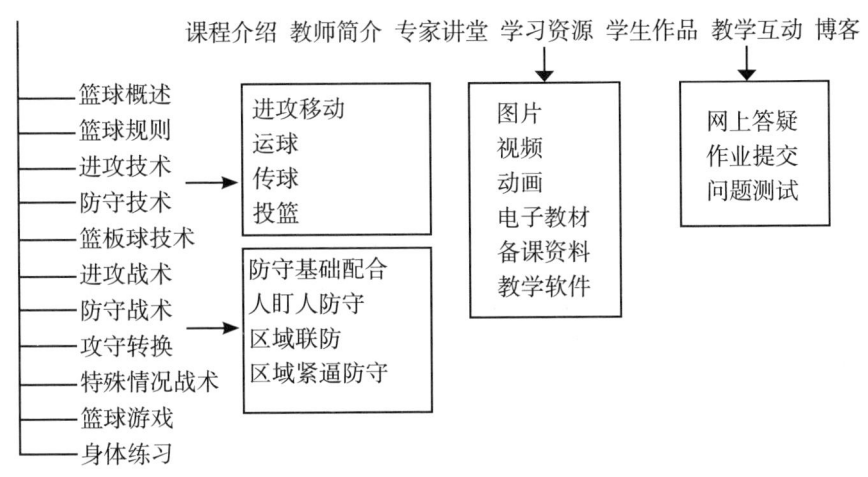

图6-19[①] 网络教学模式的应用举例：篮球教学

总之，体育教学模式丰富多样，在体育教学中要合理选用适宜的教学模式。体育教学环境相对较为开放，容易受外界环境影响的体育教学过程和其他学科教学过程相比更复杂一些。体育教学规律也会制约体育教学活动的实施，在教学规律影响下的体育教学过程涉及方方面面的因素，如身体锻炼、理论认知、掌握技能、情感体验、社会交往等。正因如此，才要严格选用体育教学模式，使每个教学模式的整体功能都能得到最大的发挥，使教学效果得到最大化的提升，使教学目标能够顺利实现。在体育教学中科学选用体育教学模式的程序如图6-20所示。

从教学模式选用程序来看，在体育教学思想的指导下，体育教师立足学校现实，对学生身心发展特点进行考察，对体育教学内容加以分析，对体育教学条件进行创造与优化，参考不同学习领域的水平目标对恰当的体育教学模式加以选择，并对课程单元、学时及单元教学目标进行设计，将不同教学单元的关系及各个教学单元的重难点教学内容明确下来，同时理清教学程序，采取相应的教学组织方式，选取适宜的教学方法。体育教学过程也是实施体育教学模式，发挥其功能，使其从理论转化为实践的过程。要在体育教学实践中促进体育教学模式的发展、创新及完善，就要对教学模式的运用程序、操作方法及环节进行严格评价。

---

① 周新. 篮球网络教学模式的实验研究[D]. 郑州大学，2011.

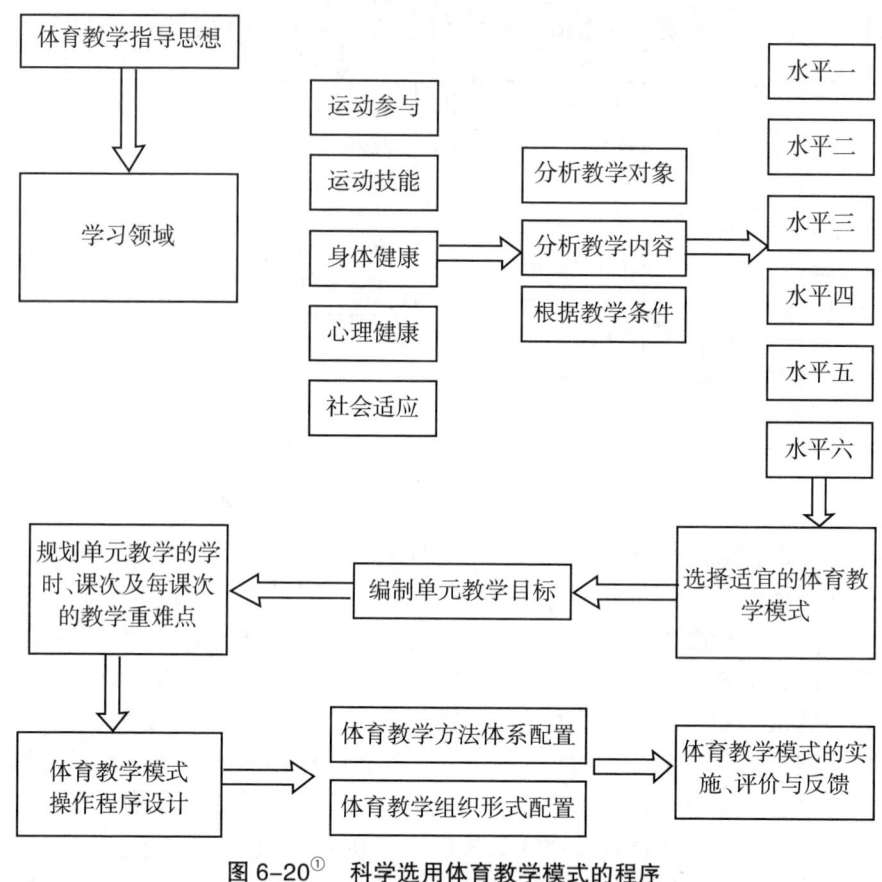

图 6-20[①]　科学选用体育教学模式的程序

第三节　体育教学模式的发展趋势与对策

一、体育教学模式的发展趋势

当前,体育教学模式的发展呈现出以下几方面的趋势。

第一,教学目标体现了对学生主体的关注,尽可能使学生的需求得到满足,而不是只关注国家发展和社会需求。学生的现实需求成为学校构建体育教学模式的中心,尽可能通过有效的体育教学模式满足学生需求,

---

① 吴烦.武汉市中小学体育教学模式的选用现状及发展对策研究[D].湖北大学,2016.

第六章　体质健康视角下体育教学模式的创新与发展

促进学生身体素质和体育素养的提升。同时关注学生的全方位协调发展，如锻炼意志、塑造品格、健全心理等。

第二，学校构建与选用体育教学模式越来越注重对学生身体素质和学校教学条件的考虑。体育教学模式的实施中不再是单方面输入知识，学生被动学习，而是密切联系学生实际情况而进行民主化教学，教学内容强调实用性，而不是只为考试服务，这样学生更乐于接受体育课，并能以积极的态度参与体育课程学习，养成良好的锻炼习惯，终身受益。

第三，打破传统的体育教学评价模式，关注对学生体育兴趣、运动爱好的培养，重视满足不同学生个体的合理需求，评价标准根据学生的实际情况而确定，评价标准分多个等级，体现出评价的自主性、层次性，而不是一刀切地评价。多角度评价学生的素质与学习，旨在激励学生发扬长处，弥补不足，实现身体素质、运动能力及其他素质的全面发展。

二、体育教学模式的发展对策

要促进体育教学模式的不断发展，需要做好以下几方面的工作。

（一）树立正确的体育教学理念

学校体育教学是学校教育的重要组成部分，体育作为一门重要的学科课程，既是对学生身心健康素质、道德素质进行培养的教育方式，也是学生认识自己、结交朋友的重要渠道，体育课程教学虽然出现在学校中，但与社会现实生活也有着密切的联系，体育将学校教育、社会生活联系起来，向学生和大众传递健康生活方式，传播科学运动理念。学校体育教学要培养出科学文化素质扎实、身心健康、道德水平高、有审美情趣和创新能力的社会主义接班人，这是学校开展体育课程教学必须秉承的教育方针，而要实现培养全面发展人才的目标，就要在体育教学中树立正确的教学理念，在正确理念下构建与实施体育教学模式，把好体育教学的每一关，提高人才培养效率与质量。

（二）提高体育教师的专业素养

体育教学模式的应用效果与体育教师的专业素养有很大的关系。培养与提高体育教学的专业素养具有重要意义。体育教师应从思想上将体育教学工作高度重视起来，清楚自己的工作职责与育人使命，履行自己的义务，给学生传授体育知识、运动技能，并培养学生成为合格的人才。学生在体育学习中能否养成良好的运动习惯、形成健康的生活方式,这都与体育教师的教学情况有关联。因此,体育教师要不断提升自己,对专业性、前沿性的丰富知识加以学习,主动掌握先进的教学方法和多元的教学模式并能熟练运用到教学活动中,能够根据不同学生的实际情况而正确选用适宜的教学方式,因材施教。

鼓励体育教师参加学术研究也能提高其专业素养,体育教师在参与过程中不断进步,学习更多的先进理论与方法,并将其融入到教学与育人的过程中,优化教学与育人的成果。

(三)采用丰富多元的体育教学方法与手段

随着社会日新月异的发展变化和体育课程的深入改革,在体育教学中要特别重视对体育教学方法手段的改革创新,促进教学模式的更新。在体育教学方法手段的更新中,要将当今社会的信息化、网络化资源以及学校可利用的优势资源充分利用起来,采用现代化方式优化与充实体育课程内容,创新体育教学方式,使体育课堂教学中出现更多新鲜的时代化的元素。现代化教学手段的应用能够使学生好奇和追求新鲜感的心理需求得到满足,能够活跃体育课堂氛围。

当前,很多学校在体育教学的体能课上采用现代化仪器对学生的身体成分进行分析与检测,这是体能测试的重要工具。测试结果有较高的准确度、客观性,将测试数据制作成表格,使学生了解自己的基础代谢率、体脂率等。在体能课上采用这一教学手段使得很多学生开始关注与关心自己的身体健康,了解自己的身体状况,发现自己的健康问题,并根据所学知识制定符合自己实际情况的干预处方,以运动干预为主,积极参加体育锻炼,改善自己的身体健康状况。此外,在运动技能课上体育教师也会采取一些现代化的器械或教具来辅助教学,目的是降低练习难度,使学生快速进入良好的学习状态,由易到难、由浅入深逐步掌握教学内容,同时也能使学习基础良好的学生的运动技能得到巩固。

另外,游戏教学法、比赛教学法在现代体育教学中的运用也比较多,体育教师在快乐教学理念下设计体育游戏和比赛,使学生在贴合生活实际的游戏或充满竞争的比赛氛围中掌握知识与技能。

(四)优化建设体育教学环境

不管是体育教师还是学生,他们教和学的活动都会受到体育教学环境的影响。体育教学本身因为学科的特殊性而对学校教学环境的依赖性很高,如对运动场地器材、气候等要求较高,优化体育教学环境能够为体育教学活动的顺利开展提供极大的便利,能够使师生的教学积极性得到提升,也能使学生的安全得到良好的保障。

(五)完善体育教学评估方式

传统体育教学评价方式显得强硬,而且比较简单,没有充分尊重或考虑学生的个体差异,评价结果片面,因为评价方式不合理,所以学生的配合度不高。传统体育教学评价还有一个弊端是注重终结性评价,而不注重过程性评价,也忽视了教学初期的基础评估。这样就无法从最终的评价结果中看到学生的进步情况和学习过程中的表现如何。所以,要完善体育教学评估方式,将过程中评价和基础评估重视起来。例如,在篮球教学中,第一节课就初步审核学生的运动能力,并进行打分,之后每节课教学过程中都记录学生的学习态度、表现情况,最后考核结束后将最终成绩与初审分数进行对比,了解学生的进步幅度,分析学生还有哪些地方有待改善,这样评价更全面,反馈更真实,学生也能在真实的反馈中不断进步与提高。

第四节 促进学生体质发展的"课内外一体化"教学模式的应用与发展

一、"课内外一体化"教学模式概述

"课内外一体化"指的是根据当前社会的实际需要和教育教学的具体要求,转变原本单一的教学模式,实现课内外、校内外的协同合作。"课内外一体化"将课内的体育教学和课外的体育活动、体育竞赛、训练活动、体育娱乐等灵活结合起来,进而达成体育教育的目标。课内外一体化教学模式遵循了理论与实践相结合的基本原则,将体育课堂教学与实际操练有机结合起来,实现了课内教学与课外实践的融合,提高了体育教学效果。[①]现代社会发展对新时代人才提出了新的要求,在体育教学中采取课

---

① 苏剑锋,王成科."课内外一体化"教学模式发展成效与前景展望[J].当代体育科技,2020,10(28):167-169+172.

内外一体化教学模式既有助于对学生的体育理论知识素养、终身体育观念进行培养,又能促进学生实践能力、综合素质的提升,从而为国家培养全面发展的社会主义现代化人才。

二、促进学生体质发展的"课内外一体化"教学模式的应用与发展成效

在体育教学实践中,课内外一体化教学模式已有多年的应用经验,经过大量体育教育工作者的改革、研究及应用,课内外一体化教学模式不断完善,在实践应用中发挥了重要的作用。然而,随着体育教学的不断发展和新课程标准的改革,课内外一体化体育教学模式的一些问题逐渐凸显出来,在实际运行中需要将这些问题处理好,从而更好地发挥模式的作用,提高教学效果。在社会教育事业深入改革的今天,社会对人才的要求越来越高,这就提高了体育教育需求,同时也要求进一步完善体育教学模式,在这一背景下完善课内外一体化教学模式势在必行。对于适合采用课内外一体化教学模式的体育项目,在教学中灵活运行该模式,有助于促进体育知识、健康常识以及运动锻炼方法的推广,从而促进人们体质增强,身心健康,使人们对体育运动兴趣大增,最终树立终身体育锻炼的意识,养成良好的锻炼习惯。

要在体育教学中应用好课内外一体化教学模式,就要对体育课程体系、体育教学评价机制进行不断的改革与优化,并在实践应用中检验模式的可行性和实效性,不断修正与完善。当前我国在体育教学实践中应用课内外一体化教学模式取得了一定的成效,如将体育课堂教学的时空限制打破,紧密结合课内教学与课外实践,使学校体育教学更具生命力,更有活力,促进了学生体育生活的丰富多彩,调动了学生学习的积极性,也有效培养了学生的健康体质和体育能力。

具体来说,促进学生体质发展的课内外一体化教学模式在长期的实践应用与发展中取得了以下成效。

(一)贯彻科学教学理念,培养学生终身体育意识

学校一直在贯彻以人为本、健康第一等科学教学理念的前提下实施课内外一体化体育教学模式。在该模式的运行中,体育课堂教学的主要内容是体育知识、运动技能,任务是传授体育知识与技能,目的是培养学生的健康体质和终身体育意识。总体上课堂教学目标与内容明确,职责明晰,教学氛围相对活跃。与此同时,也设置了丰富的课外活动内容,学生的个性化需求得到了充分的满足,学习的积极性也不断提升。设置课

第六章　体质健康视角下体育教学模式的创新与发展

外活动强调活动内容的实用性和有效性,旨在增强学生体质,培养学生的终身体育锻炼意识与习惯。可见,课内体育教学与课外体育活动在目标上是统一的。此外,课内外一体化教学模式的运行中,教学目标是分不同层次设置的,不同层次的目标对应的分值不同,大大提高了体育教学评价的科学性、有效性及综合性。

(二)增加了体育项目的多样性,提高了教学实效

课内外一体化教学模式实现了课内教学与课外实践的并重,在保障课内教学有效落实的同时,不断丰富体育课外活动,为学生争取了更多的运动机会和空间。课外体育活动种类丰富,学生根据自身兴趣和需要加以选择,体育锻炼更加灵活、有趣。课内外一体化教学模式充分尊重学生的个性发展需要,以学生的兴趣为导向来锻炼学生的体育技能、培养学生的综合素质。学生在新模式下的学习具有充分的自主性,能根据自身需要采取适合自己的锻炼方案。无论是集体项目还是课外俱乐部、社团活动,都为学生的技能运用与实践训练创造了良好的空间。课外活动也增强了学生学习的主动性、积极性,有助于学生树立终身体育意识。课内外一体化教学模式通过科学、灵活、有序的指导和调配,充分尊重学生的个性化差异、性别差异,营造了充满自主性与趣味性的学习氛围,学生的运动实效得到了大大的提升。

(三)促进校园体育文化建设和学生全面发展

在体育课内外一体化教学模式下现代体育项目得到了进一步开发,推动了校园体育文化的多元化发展。校园体育文化建设与发展又有助于提升学生的综合素质,促进学生全面发展。学校举办课外体育活动,有助于完善校园文化体系,充分调动学生的运动兴趣和活力,丰富学生的情感体验。浓厚的校园体育文化氛围使学生充分发挥主观能动性,积极参与课外活动,释放身心压力,愉悦心理。通过课内课外活动的开展,学生的体质得到增强,团队精神、竞争精神得到强化,社会适应能力得到提升,终身体育锻炼意识和习惯也逐步形成,从而逐渐发展成为满足社会需求的高素质、全面型人才。[1]

---

[1] 苏剑锋,王成科."课内外一体化"教学模式发展成效与前景展望[J].当代体育科技,2020,10(28):167-169+172.

第五节　基于学生体质提升的"俱乐部课制"体育教学模式的发展

一、"俱乐部课制"体育教学模式概述

（一）"俱乐部课制"体育教学模式的特点

体育俱乐部是社会团体公共娱乐的总称,最早源于欧美,将体育俱乐部应用于体育教学中,实施俱乐部课制教学模式,主要就是依托俱乐部的教学形式组织体育教学。"俱乐部课制"教学模式具有以下几个特点。

1. 教学内容丰富,学生自主性强

"俱乐部课制"教学模式内容丰富,学生可以根据自己的兴趣爱好选择课程。学生自主选择上课内容、上课时间,甚至可以自主选择教师。

2. 教学方法突出学生的主体地位

"俱乐部课制"教学模式的运行中,教师采用的教学方法强调学生的主体性,如启发教学法、情境教学法等,并根据学生的实际情况对其进行个别化、个性化指导。

3. 课外活动丰富

"俱乐部课制"教学模式有效拓展了课堂教学,开设丰富的课外体育活动,从而对学生的运动积极性和组织能力进行培养。

4. 教学评价全面

"俱乐部课制"教学模式下的教学评价融入了学生的学习态度、合作能力等指标,突出了评价的全面性。

（二）"俱乐部课制"教学模式应用于体育教学中的意义

体育教学中采取"俱乐部课制"教学模式具有以下几方面的意义。

1. 突出"以人为本"理念

传统体育教学模式下,课程内容已经被规定好,体育教师严格按照规定实施教学,这使得体育教学缺乏民主性、丰富性与灵活性。"俱乐部课

第六章　体质健康视角下体育教学模式的创新与发展

制"教学模式中设置了丰富的教学内容,教师和学生自主把握和控制教学时间,学生在教学内容与教师的选择上有充分的自主权,这都充分体现了新模式以学生为本的教学理念。在俱乐部课制教学模式的实施中,学生的自主性得以充分发挥,个性化需求得到充分满足,长处与优势也有机会展现出来,个人价值得到实现,同时也锻炼了社交能力,这些都最终使学生的个性化发展目标得以实现。

2. 增强学生体质

学校教育改革为体育教学指明了方向,提出了要求。为顺应学校教育的发展趋势和改革需要,学校设置的体育课程涉及多种类型,传统教学中以班级为单位的教学组织形式的局限性被打破,按照学生的兴趣爱好重组教学单位,以增强学生体质、满足学生需求。国家非常重视青少年学生的体质健康,要求学生每天有一个小时的锻炼时间,掌握基本的运动方法,但因为学生在学校的体育学习时间得不到保障,所以体质健康状况不容乐观。依托俱乐部课制教学模式,可以开展丰富的课内外体育活动,学生选择自己感兴趣的课程和项目加以参与和学习,体质健康水平可以得到有效提高。

3. 为体育教学的深入改革提供正确指引

应试教育影响下的体育教学存在种种弊端,如教学理念落后,课程类型单一,教学内容固化,教学方法千篇一律,教学评价片面,等等。这些问题的存在对体育教学的发展造成了严重的阻碍,也制约了学生体质健康水平的提升和全面发展。而在促进学生健康的教学视角下采用具有创新性的"俱乐部课制"教学模式,能有效弥补传统教学模式的不足,促进教学理念的更新、课程类型的丰富、教训内容和教学方法的多元化以及教学评价的全面化。可见,俱乐部课制教学模式为体育教学改革提供了正确的方向与指引。

二、基于学生体质提升的"俱乐部课制"体育教学模式的发展策略

为进一步提升学生体质健康水平,需要继续完善"俱乐部课制"体育教学模式,提高该模式的运行效果,充分发挥该模式在增强学生体质方面的作用。具体发展路径与策略如下。

(一)更新体育教学思想

基于提升学生的体质健康水平而构建与完善俱乐部课制教学模式

时，首先要更新体育教学思想，解决体育教学中教学主体之间和教学要素之间的矛盾，有机整合体育教学体系中的各个要素，从思想层面上设计好俱乐部课制教学模式，为模式的顺利运作和模式功能的充分发挥提供强有力的思想保障，为模式的实施提供正确的方向。

更新体育教学思想后，还要构建科学的俱乐部教学管理体系，设置与健全俱乐部组织机构，明确各部门的职责，加强各部门之间的协调配合，协会管理者可由体育拔尖生或体育委员担任，这能够有效培养学生的团结协作精神和组织管理能力。

(二) 设置类型丰富的教学内容

新时代体育教学改革中，在教学内容的设置环节既要重视对竞技化教学内容的改造，又要重视引进娱乐化教学内容。学校俱乐部制教学模式的实施中往往面临着选择竞技化内容还是娱乐化内容的问题，从高校体育俱乐部的运行情况来看，重视娱乐化教学内容，忽视竞技化教学内容的问题普遍存在，这直接影响了学生体质健康发展。所以，基于对提升学生体质健康水平的考虑，应该找到竞技性内容与娱乐性内容的平衡点，实现二者的整合，从而达到既增强学生体质，又培养学生兴趣的目的。

(三) 完善教学评价体系

要检验俱乐部制教学模式的实施效果，就要对学生在该模式下的学习成果进行科学的考评。传统体育教学考评最大的弊端就是过分强调对运动技能掌握情况的终结性考评，而忽视对学生学习态度、学习意志力、进步情况等方面的过程性考评，这就需要进一步健全考评机制，完善考评体系，将日常考核、监控同步重视起来，使学生自觉学习，增强体质。

(四) 提供经费支持

构建与运行俱乐部课制教学模式，离不开经费投入，这对模式构建及实施效果有直接的影响。"俱乐部课制"教学模式下学校引进了丰富多彩的体育项目，同时还结合校外有关团体尝试一些拓展性运动，为了使多元化的体育项目得以顺利开展，需要教育部门加大投资力度，分配经费资源，提供基础保障。

第七章 体质健康视角下体育教学评价体系的完善

体育教学评价在体育教学中也是重要的组成部分,是体育教学活动开展的最后一个环节,对体育教学效果具有重要的反馈意义,由此,也能为体育教学的新一轮开展提供改善和改进的依据和支持。因此,从某种意义上来说,体育教学评价体系的科学和完善程度,对体育教学活动的开展产生非常重要的影响,甚至是决定性的影响。为此,一定要建立并完善体育教学评价体系,使体育教学的功能得到充分发挥,尤其是在体质健康方面。本章首先对体育教学评价的理论基础进行了全面阐述,然后分别对体育教师教学评价体系和学生学习评价体系进行了分析,最后则对体质健康视角下体育教学评价的发展进行了研究与探索,由此,能对体育教学评价体系有一个全面且深入的了解与认识。

第一节 体育教学评价理论基础

一、体育教学评价的概念

要想弄清楚体育教学评价的概念,首先要对评价、教学评价有所了解。

关于"评价",《辞海》中所作出的解释为"衡量人或事物的价值"。教学评价则是以教学目标为依据,来对教学过程及结果进行价值判断并为教学决策服务的活动。

某种意义上来说,对教学评价的概念的界定,是教学评价实际工作中需要解决的一个重要问题。对教学评价概念的理解,不仅对教学评价的建立起到决定性的影响,而且还会在很大程度上影响到教学评价实践。

可以说,教学评价是研究教师的教和学生的学的价值的过程。通常,教学评价包含两个核心环节:一个是对教师教学工作(教学设计、组织、实施等)的评价——教师教学评估(课堂、课外);一个是对学生学习效果的评价——考试与测验。

由此,可以将体育教学评价的概念界定为:把体育教学系统作为客观存在的认识对象,在教学分析的基础上,依据一定的标准对其进行相应的价值判断。它主要包括对体育教师教的评价和对学生体育学习的评价两个方面。

对于体育课程而言,体育课程教学评价的实质是以学生体育教学为对象,按照一定的教学目标,运用科学可行的评价方法,依据相应的评价标准,对体育教学过程和体育教学成果给予价值上的判断,为了达到改进教学的目的,提高教学质量提供可靠的信息和科学依据,最终促进学生的全面发展。

二、体育教学评价的划分

体育教学评价通常是可以进行以下划分的(图7-1)。

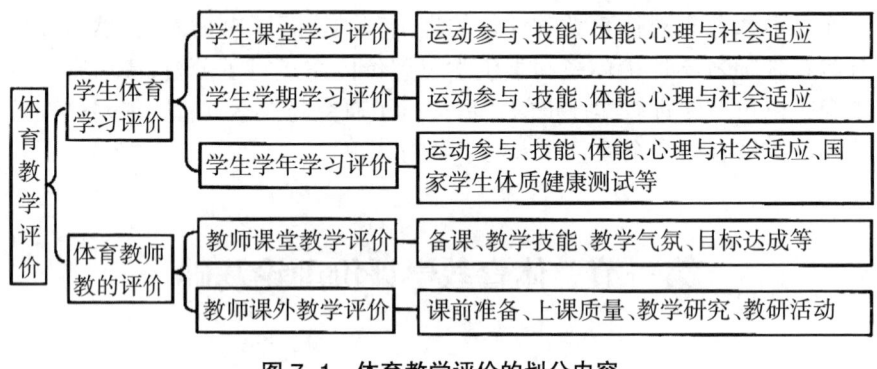

图7-1　体育教学评价的划分内容

三、体育教学评价的原则

(一)全面系统性原则

全面系统性原则,就是要求在体育教学评价过程中,在对教师教学进行评价的同时,也对学生学习进行评价,确保师生双边教学评价的全面性。其次,要对师生进行各方面、多角度、全方位的评价。而要使评价做到全面、科学,必须把定性评价和定量评价综合起来,相互参照,同时要把握评价指标的主次,区分评价指标的轻重,抓住主要评价指标的矛盾等。

第七章 体质健康视角下体育教学评价体系的完善

除此之外,为了确保所获得的评价结果是正确的,则必须针对同一评价对象的样本行为进行多次的评价,才能得出比较正确的评价结果。单独一次的评价结果必定会存在一定的误差,信、效度都不高。经过多次评价后,误差将逐渐减少,使多次评价结果的平均数更接近真实的结果,最终获得一个接近正确的评价结果。

(二)客观科学性原则

客观科学性原则,就是要求在体育教学评价过程中,不管是测量标准,还是测量方法、测量手段、测量形式、测量态度、测量工具、测量结果等,都要做到与客观实际的要求相符,确定合理、统一的评价标准,尽量从教师与学生两个方面做到教学指标体系的科学性与客观性,认真研究、编制、预试、修订评价指标,将定性评价与定量评价相结合,在评价过程中不能主观臆断或掺入个人情感。

最后需要注意的是,体育教学评价是为了给学生的学和教师的教以客观的价值判断,如果缺乏客观性与科学性,那么进行体育教学评价的意义与价值就不存在了。

(三)公正公开性原则

公正公开性原则,就是要求在进行体育教学评价之前就将各项评价指标、内容、方法等确定下来,并使评价者与被评价者对评价体系有一个全面的了解与认识,引导师生努力遵循教学评价标准,有导向性地做好评价前的各项工作;在评价之后要公开教学评价的各项成绩,有一段时间的公示期,在公示期内接受群众的来访与举报,以杜绝评价过程中的不正当行为。可以说,公正公开性原则,是体育教学评价保持客观和科学的重要前提。

(四)个体差异性原则

学生在体育教学发展中是重要的主体。每个学生受遗传因素、生存环境及自身努力程度等方面的影响,使得他们在身体素质、运动能力、心理素质等方面都有着较大的个体差异性特点,这是客观存在的。鉴于此,就要求采用不同的体育教学评价标准,并且在具体的应用时要根据学生年级的不同而有所变化,对同一年级的不同班级学生和同一班级的不同学生也应持有不同的评价标准,这样才能对体育教学评价目标的实现起到促进作用,也才能对各类学生的进步起到激励作用,将每个学生的潜能尽可能地挖掘出来,使他们自觉地沿着不同的成长轨迹不断地发展。

(五)指导督促性原则

指导督促性原则,就是要求在体育教学评价过程中,要把评价工作和指导督促教学实际工作结合起来进行。体育教学评价的最终目的是指导具体的教学实践工作。

为了更好地利用体育教学评价结果来达到改进教学效果的目的,就要求教师应在体育教学评价之后,以体育教学目标或学生的学习内容为依据,来对学生的学习方法以及兴趣加以分析,并且将学生学习的优缺点确定下来,从而为有的放矢地制订学习辅导策略,确保学生的学习效果达到预期的教学目标提供相应的便利。

四、体育教学评价的功能

体育教学评价在体育教学中有着重要意义,其意义的重要方面,就在于其显著的功能性,具体表现在以下几个方面。

(一)导向与激励功能

体育教学评价的开展与实施,是需要一定的依据的,而这一依据就来源于体育教学目标具体化目标的达成程度。一般来说,如果顺利达成,那么体育教学效果所获得的评价就比较高,也正是因为如此,才赋予了体育教学评价一定的激励功能;如果没有达成,那么就需要深挖影响效果的各个因素,分析原因与对策。因此,体育教学评价对于各级各类学校端正教学指导思想和办学方向是非常有帮助的。此外,从学生的角度来说,体育教学评价对于学生学习动机与动力也起到积极的激励作用。研究表明,对学生进行目标设置与成绩测验,可有效地激发并调动学生的学习兴趣,推动课堂学习。

(二)鉴别和诊断功能

对于教师来说,体育教学评价具有考察、诊断和鉴别的重要功能,这对于了解教师教学的效果和水平、优点和缺点、矛盾和问题是有利的。当前,国家对学校教育教学的质量关注程度非常高,就是希望广大的体育教师要切实抓好体育教学的各个环节,有效提升教师自身水平、能力,并且

第七章　体质健康视角下体育教学评价体系的完善

在此基础上大大提高体育教学效果。在这样的情形下,是必须有一个科学、合理的标准来进行衡量的。同时,体育教学质量也可以作为一个重要指标来对教师工作业绩进行考核,因此体育教学评价对于教师而言,是学校和教育行政领导进行教师聘用和晋升的主要依据,有助于在了解教师情况的基础上,安排教师的进修与提高。从学生角度而言,体育教学评价能够有效区分学生的知识掌握、体质健康状况、运动能力发展程度,不仅能够将每个学生的体育学习成绩明确下来,还能够为学生的考核评定、升留级、选择课程提供依据。

（三）反馈和指导功能

通过体育教学评价所得出的结果,能够反映出体育教师教学和学生学习效果,然后以此为依据,来对体育教学活动的进一步开展起到积极的指导作用。从心理学的角度上来说,要想实现理想的既定目标,就必须通过反馈信息来对自身的行为加以调节和调整。因此,在体育教学过程中,如果体育教师能够及时获得教的方面评价的反馈信息,就能及时地反思自己的教学准备与教学实施,发现在教学目标设置、教学方法、教学手段、教学策略、教学智慧、运动负荷、练习密度、教学组织与管理等方面的优点与存在的问题,为下一步的教学调整做准备,从而为改进教学提供依据。对于学生来说,如果能够及时获得学的方面评价的反馈信息,就能加深促进学生对自己体育学习状况的了解,明确学生自己在体育学习方面的优势与问题,为调整自身的学习目标、学习动机、学习策略、学习方法提供依据。

（四）评估与决策功能

科学的体育教学评价是体育教学工作决策的重要基础。比如,如果在体育教学过程中遇到学校课程平淡,学生学习时间短,鼓励学生学习的措施减少,教学质量下降等问题,需要采取的应对措施通常为:提高教学要求,延长学生学习时间,改革课程设置、教学内容和方法,有计划地培训教师,提高教师水平。这就反映出了体育教学评价的决策功能。

另外,体育教学的质量不能凭空想象,只有对教学工作有全面和准确的了解,选择明确的、比较客观与科学的指标,才能对教师的教与学生的学两个方面做出一个比较全面的评估。因此,体育教学评价的评估功能也是非常重要的。

(五)榜样与竞争功能

体育教学评价在体育教学中能够起到有效调动教师与学生积极性的重要作用,这一点是毋庸置疑的。于教师而言,适时地、客观地评价体育教师的教学工作,有助于优秀教师的评选,这就形成了一个良性循环的榜样机制,对于体育教师的加速成才是有帮助的。于学生而言,教师对学生通过即时评价,特别是良性的评价,对于学生榜样的树立有积极影响,能将其显著的榜样示范作用充分发挥出来。因此,教师经常表扬、反馈、评价、激励、测试学生的学习结果是非常重要的,可以极大地提高学生学习的积极性和学习效果。

第二节 体育教师教学评价体系

体育教师是体育教学活动的主导者和实施者,其教学方面的评价体系是体育教学评价的重要内容之一,体育教师教学评价体系的科学与完善程度,在一定程度上影响到整个体育教学评价体系。

一般的,体育教师教学评价体系主要包含以下几个方面的内容。

一、对体育教师综合素质的评价

作为体育教学的主体,体育教师起到重要的主导作用,因此,体育教师专业素质水平会对学生的学习效果产生直接影响。具体来说,体育教师的综合素质主要包含以下几方面内容。

(一)政治素质

政治素质,是所有的教师都必须具备的基础素质之一,对于体育教师来说,其政治素质也是综合素质评价中不可缺少的一环。

具体来说,对体育教师政治素质的评价内容主要涉及:遵纪守法、教书育人、参与民主管理、为人师表、良好的文明行为习惯及政治理论的水平和工作态度等方面。

第七章 体质健康视角下体育教学评价体系的完善

（二）知识结构素质

知识结构素质也是体育教师的基本素质之一,这方面的评价内容主要有以下两个方面。

（1）体育教师的体育专业知识必须是全面且系统的,同时还要了解相关学科的基本常识。

（2）体育教师要对教育学和心理学的基本原理和方法有较为系统的掌握,并且对学生身心发展的规律和教育规律有所了解和掌握,从而将理论与实践结合起来,为实现体育教学预期目标提供便利。

（三）能力结构素质

一个优秀的教师,其通常都是具有良好的能力结构素质的,这是其重要的专业素质之一。对于体育教师来说,其应该具备的能力结构素质内容主要有以下几个方面。

（1）完成体育教学工作的能力。具备这一能力,能有效从事体育教学的设计、讲解、示范、观察、组织教学等各个方面的工作。

（2）独立进行教学活动的能力。具备这一能力,对于体育教学计划的制定、体育教学目标与内容的选择、教学内容的挖掘与充实以及教学方法和现代教学技术手段的使用等都是有帮助的。[1]

（3）教育管理学生的能力。具备这一能力,能使体育教师更好地组织课堂教学、处理协调师生间的关系。

（4）表达能力。这一能力可以指教师的语言表达能力,也可指教师对学生的感染力。

（5）创新能力。具备这一能力的体育教师,不仅善于独立思考,还能不断进行改革创新。

（6）开发和运用体育资源的能力。这一能力能够将体育教师的教育能力水平反映出来。

（四）身心素质

作为一名教师,良好的身心素质是其必备素质之一,因为这是其从事体育教学工作的最基本条件,尤其对于体育教师来说,还要具备相应的运动能力,更要掌握从事体育教学所必需的相关技术技能。

---

[1] 邓星华,谭华.新编体育教学论[M].上海:华东师范大学出版社,2008.

体育教师的个性品质也至关重要，因为，这会对学生起到潜移默化的影响和作用，也关系到教书育人的效果如何。关于体育教师的心理素质评价，主要涉及细致、敏锐的观察力，缜密、敏捷的思维能力，坚强的意志品质，丰富的情感，控制情绪的能力等这几个方面。

（五）教师自身发展的素质

对于体育教师来说，其为了自身得到进一步的发展，也需要具备相应的素质，主要涉及：接受新理论、新方法、新技术的能力，善于不断学习和进步的能力，自觉寻求发展的能力，教学发展的潜能，自学提高的能力，以及教学改革和教学研究的能力等。

二、对体育教师课堂教学的评价

（一）体育教师课堂教学的评价指标

关于体育教师课堂教的评价方案很多，这里有代表性地选择了有关体育课堂教学评价的几个量表，来加以分析并参考（表7-1、表7-2、表7-3）。

表7-1　体育教师课堂教学评价指标[1]

一级指标	二级指标	权重	赋分
教学目标（10分）	（1）预设的符合程度 （2）可操作性 （3）教学准备 （4）课堂结构	6 4 6 6	
教学过程（30分）	（5）学习资源的处理 （6）过程调控的有效性 （7）运动参与的程度 （8）学练环境的创设 （9）对知识、技术的理解运用	6 6 6 6 6	
教学方法（30分）	（10）因材施教 （11）互动对话 （12）学习指导的范围和有效性	6 6 6	

---

[1] 李启迪，邵伟德.体育教学基本理论研究[M].北京：北京师范大学出版社，2014.

第七章　体质健康视角下体育教学评价体系的完善

续表

一级指标	二级指标	权重	赋分
教学效果(12分)	(13)目标达成度 (14)学生的情感体验 (15)教育思想与理念	6 6 6	
教师素质(18分)	(16)教学语言 (17)教学情感	6 6	
教学特色		5	
评价结果听课感受累加分值等级			

表7-2　体育课堂教学评价指标(同行、专家、领导)[①]

序号	评价项目	评价标准	权重	评定等级 A	B	C	D	得分
1	场地器材准备	课前认真检查场地器材,符合安全要求,器材准备有条不紊,便于教学顺利进行	7	7	6	5	3	
2	教案课堂	教学任务明确,符合实际,符合体育教学原则,重点、难点突出	8	8	6	4	2	
3	教学纪律与准备活动	课堂遵守教学纪律,无迟到、早退、接听手机、脱岗等现象;上课时不进行与教学无关的任何活动	6	6	5	4	2	
		准备活动充分,并与教学内容很好结合,形式活泼,适合学生生理、心理状况	10	10	8	6	4	
4	讲解示范	语言精练,通俗易懂,内容正确,富于启发性,示范正确、熟练、完美	15	15	13	10	7	
5	组织教法	组织严密、合理,教学手段、方法符合体育教学原则,教法具有新意	15	15	13	10	7	
6	课的密度负荷	合理运用各种活动时间,密度及运动负荷符合人体生理机能活动变化规律,符合学生实际情况	10	10	8	6	4	
7	掌握"三基"情况	发挥体育教育作用,学生能学到体育知识、技术及技能,能增进学生对体育的爱好,提高对体育教学的认识	8	8	6	4	2	

① 李启迪,邵伟德.体育教学基本理论研究[M].北京:北京师范大学出版社,2014.

续表

8	运动效果	利于学生身心健康,利于体质增强和身体素质的提高	8	8	6	4	2
9	整理活动	具有实效,活泼轻快,有利于学生疲劳的恢复	8	8	6	4	2
10	总评	能及时指出课中的优点和不足,并提出改进意见,课外活动的布置有针对性		5	4	3	2
	合计						

表 7-3 体育课堂教学评价项目参考[1]

一级指标	二级指标	三级指标(参考点)
教学预设	目标定位明确	(1)符合课程标准要求和学生年龄身心特征、认知基础 (2)着眼学生知识、技能、体能、情感、态度和习惯养成 (3)符合生活实际,拓展学习视野 (4)定位准确,表述具体,易测量
教学预设	内容设定科学	(1)内容选择与开发符合课程性质,符合学生实际和需要,有利于激发学生运动兴趣和增强体能,有利于形成终身体育意识 (2)内容安排得当、分量适中 (3)教学重点与难点定位得当 (4)教学环节布局合理,衔接自然 (5)注重学练方法的适时渗透和价值观的形成
教学准备	资源准备充分	(1)每项活动有切实组织策略与安全准备 (2)教师穿运动服、运动鞋,学生穿运动鞋,着装轻便 (3)场地、器材布置实用、合理,调试安全到位
教学过程	课堂结构合理	(1)教学结构合理、完整,教学活动始终围绕教学目标展开 (2)教学环节有序,节奏张弛有度,内容逐层深入 (3)师、生双向互动,有自主、合作、探究性学习方式渗透 (4)有行之有效的课堂常规,教学组织、管理严密 (5)练习容量适度,时间分配合理
教学过程	教学方法恰当	(1)教学方法科学、合理,注重启发引导、直观形象 (2)手段灵活多样、有效,课堂气氛生动活泼 (3)注重精讲多练原则,设置有价值的练习,建立每节课学生慢跑 5 分钟制度(病残学生除外) (4)教学反馈真实、明确,及时纠正学生错误 (5)配合教学的现代教育技术手段运用恰当

---

[1] 李启迪,邵伟德.体育教学基本理论研究[M].北京:北京师范大学出版社,2014.

第七章　体质健康视角下体育教学评价体系的完善

续表

一级指标	二级指标	三级指标(参考点)
	教学特色鲜明	(1)课程资源开发和教材整合运用有创新 (2)教学模式、教学方法和场地器材运用有创意 (3)教学过程处理有艺术 (4)教学情境营造有风格
教学素养	知识储备丰厚	(1)掌握运动基本技能和运动基础知识 (2)掌握教育理论基础和体育专业理论,了解教育规律 (3)掌握学生身心发展规律和课堂教学组织规律
	教学观念先进	(1)尊重和关爱学生,作风民主,教态端庄,师生融洽 (2)面向全体,关注差异 (3)鼓励学生参与运动、表现自我和创新 (4)评价学生,善于激励
	教学技能娴熟	(1)语言表达准确、生动、形象,口令清晰、洪亮 (2)动作示范正确、优美、适时 (3)驾驭课堂能力强,善于调控学生持续注意和情绪 (4)善于应对课堂生成,调节教学预设及教学节奏,恰当处理偶发事件 (5)熟练操作体育设施及现代化教学设备 (6)善于运用保护与帮助,安全保护有效
教学效果	学习水平达标	(1)能完成基本学习任务,掌握所学知识和技能 (2)运动负荷适宜,能有效地促进体能增强(练习密度不低于30%,平均心率达120—140次/分) (3)掌握基本方法,积极参与运动
	学习心理健康	(1)精神饱满,思维活跃,情绪放松 (2)乐意展现自我,乐意合作学习,自信迎接挑战 (3)有积极的情感体验,有成功快乐感,有继续学习的愿望

上面这几个体育课堂教学评价表具有显著的优势,但同时也存在着一些不足之处。

优点:评价指标分等级,至少有一级、二级指标;二级指标比较具体,可供评价者参考;评价内容较为全面,基本涉及了课堂教学的各个层面。

不足:一级指标没有形成统一,划分依据欠缺;二级指标更为细致,但也缺乏依据。

(二)体育教师课堂教学的评价体系内容设计

1. 体育教师课堂教的评价指标体系的内容

体育教师课堂教学的评价指标体系主要包含:学生情况分析、教材处理状况、教学目标设置、教学方法选择、教学手段实施、教师课堂评价、密度负荷安排、教学技能展示 8 个一级指标、23 个二级指标（表 7-4）。

表 7-4　体育教师课堂教学的评价指标参考[①]

一级指标	二级指标	权重	赋分
学生情况分析（5 分）	特殊学生处理 教学内容适应学生情况	2 3	
教材处理状况（10 分）	单元教学课次分析 重难点把握	3 7	
教学目标设置（10 分）	目标预设合理性 目标可操作性 目标达成程度	3 3 4	
教学方法选择（15 分）	教学方法的合理性 教学方法的有效性 教学手段的有效性	6 9 4	
教学手段实施（10 分）	教学手段的实用性 教学手段的创新性	3 3	
教师课堂评价（10 分）	课堂过程评价 课后小结	8 2	
密度负荷安排（10 分）	预计合理性 实际效果	4 6	
教学技能展示（30 分）	普通话、语言表达 动作示范 口令、队伍调动 预防与纠正错误动作 场地器材布置 保护与帮助、安全措施 师生沟通	4 5 5 4 4 4 4	
评价结果			

2. 体育教师课堂教学评价体系的主要内容

体育教学课堂教学评价体系中所包含的内容主要有以下几个方面。

（1）教育教学思想评价

主要对教师的以下情况进行评价：在体育教学过程中能否坚持教书育人的原则，是否有改革创新的精神，是否坚持"健康第一"和"终身体育"的指导思想，是否能促进学生的全面发展。

---

① 李启迪，邵伟德. 体育教学基本理论研究[M]. 北京：北京师范大学出版社，2014.

（2）贯彻课程标准的评价

主要对教师的以下情况进行评价：课堂教学是否符合课程标准的要求，教学是否紧紧围绕学习目标进行，是否完成了课程标准所规定的教学任务和教学内容等。

（3）教学内容的评价

主要对教师的以下情况进行评价：教学内容是否紧扣学习目标进行安排，是否达到科学性和思想性的统一，是否将思想品德教育寓于体育教学内容之中，是否科学地安排运动负荷，教学组织是否合理。

（4）教学方法和手段的评价

主要对教师的以下情况进行评价：教师能否依据教学的具体任务和内容特点，有针对性地选择教学方法；教学方法的选择是否符合学生的身心特点，是否有利于激发学生的学习动机和培养学生的学习兴趣；教学方法是否具有启发性，是否有利于培养学生的独立思考、分析问题、解决问题的能力和创新精神；教学手段的运用是否增强了教学的直观性，并且是否有助于提高学生的学习效率。[1]

（5）教学技能的评价

主要对教师的以下情况进行评价：讲解评议规范、准确、简洁，正确运用术语和口诀，示范动作准确优美；是否能沉着、冷静、机智地处理课堂突发事件，使教学顺利进行。

（6）教学效果的评价

主要对教师的以下情况进行评价：是否很好地完成教学任务；学生是否完成了学习目标，掌握教学内容；是否充分发挥了学生的学习积极性和主动性；是否培养了学生勇敢、顽强、竞争、合作的心理品质；是否激发和保持了学生的运动兴趣，促进学生体育锻炼习惯的养成。[2]

三、对体育教师课外教学的评价

(一)体育教师课外教学评价基本情况

《中华人民共和国教师法》对中小学体育教师工作绩效评价的内容包含：教师的政治思想、业务水平、工作态度和工作成绩。

《关于积极推进中小学评价与考试制度改革的通知》对中小学体育教师工作绩效评价的内容包含：职业道德、了解和尊重学生、教学方案的设

---

[1] 李启迪，邵伟德.体育教学基本理论研究[M].北京：北京师范大学出版社，2014.
[2] 李启迪，邵伟德.体育教学基本理论研究[M].北京：北京师范大学出版社，2014.

计与实施、交流与反思。

关于体育教学课外教学评价的指标,还没有统一的说法,不同人有不同的理解,比如,有的人认为这些指标可以分为两个方面,即专业素质——职业道德、教学能力、教育科研能力;课堂教学——教师的教、学生的学定量评价。有的人认为应该包含工作质量、工作数量、教学能力、科研能力、工作态度这几个方面。有的人认为包含基本素质——思想道德素质、知识结构、能力素质、身心素质;工作过程——教学、科研工作、课余体育活动、训练、竞赛社会服务;工作绩效——教学绩效、科研绩效、课外体育活动、训练竞赛;社会服务专业发展——终身学习、继续教育、交流反思。还有的认为包含科学的理论知识、体能和技能基础、计划与实施、教学与管理、对学生学习的影响、职业作风和专业意识等。具体要根据实际情况来加以选用。

（二）体育教师教学的课外评价具体内容设计

以新课程标准、体育教学的特点为依据,可以把体育教师教学的课外评价表设计为表 7-5,以供参考。

表 7-5　体育教师"教"的课外评价参考量[①]

评价指标	评价内容	评价等级与得分（分）	总得分
"教"的职业道德（10 分）	严格遵守学校规章制度,不迟到早退 工作认真负责,乐于承担工作 尊重学生,无体罚或变相体罚学生 一视同仁,不歧视学生 团结协作,尊重他人		
"教"的专业水平（20 分）	基础扎实、基本功好 教学计划齐全 教法多样、手段灵活 善于启发学生积极思考 重视学法指导练考落实、评讲及时		
"教"的效果（20 分）	学生学有兴趣,学习积极性高 学生学有所获,各层次学生的学习都有提高学生学习主动性、思维能力活跃		

---

① 李启迪,邵伟德.体育教学基本理论研究[M].北京:北京师范大学出版社,2014.

续表

评价指标	评价内容	评价等级与得分(分)	总得分
"教"的育人成效（10分）	学生得到身心全面发展 体育学习班风、学风正 学生体育锻炼习惯良好 学生具有良好的体育道德风尚		
有关"教"的教研教改（20分）	积极参与各种教研活动、培训进修活动 积极进行长期的教学反思 勇于承担公开课、评议课 听课严肃认真，评课水平较高 积极参与承担教改课题 积极撰写与发表论文		
学生对教师"教"的评价（20分）			
总评			

第三节 学生学习评价体系

一、学生体育学习评价体系的基本内容

一般的，学生体育学习评价体系中所包含的内容是基本固定的，只不过在不同的学习阶段，具体的评价内容是有所不同的。这里主要对基本的内容加以简要分析。

（一）体能评价

体育课程开设的主要目的之一，就是发展学生的体能，因此，这也成为体育课程开设过程中所涉及的主要内容。学校体育贯彻"健康第一"和"终身体育"的指导思想，将发展体能作为学生学习评价的重要内容之一。

当前，体育课程中所涉及的体能评定，并不是以往的体育课中的身体素质与运动能力的考核，两者之间是有所区别的。其中，前者将关注的重点放在了与健康有关的体能的评价上，比如，心肺耐力、柔韧性、肌肉力量、肌肉耐力、身体成分等。对于不同学段学生的体能评价可根据各水平

的体能发展目标与内容框架,选择合适的体能进行评定。

(二)知识技能评价

不同阶段的学生所表现出的特点是不同的,在体育知识及相关技能学习成绩方面的评定所涉及的内容也各不相同。其中,学生阶段主要包括:对于体育的认识,体育对人、社会的价值和重要性等;掌握体育相关知识并运用于实践的情况等;能掌握符合水平一、水平二和水平三学习目标要求的运动技能以及运用于实践的情况。

(三)学习态度评价

从终身体育的角度来看,体育课程将树立学生对体育的正确认识,使学生形成正确、积极的体育态度作为重要目的,所以,学生对待体育学习与练习的态度应是体育课程学习成绩评价的重要内容。

(四)情意表现与合作精神评价

体育课程开设的一个重要目标是提高学生的心理健康和社会适应能力。

在体育课程中,学生的心理健康主要表现为:能否战胜胆怯、自卑的心理,充满自信地进行学习与练习;能否敢于和善于克服各种主观、客观的困难与障碍,挑战自我、战胜自我,坚持不懈地进行学习与练习;能否善于运用体育活动等手段较好地调控自己的情绪等。[1]

在体育课程中,学生的社会适应能力主要表现为:能否理解与尊重学生和教师,并在学习过程中表现出良好的人际交往能力和合作精神,努力承担在小组学习与练习中的责任,如为小组的取胜全力以赴;遵守规则、尊重裁判;能不计较胜负,赞扬对手;认真分析失败原因,不埋怨他人;能与他人很好地交换意见。

(五)健康行为评价

在体育课程标准中,除了设置六个运动技能系列外,还有一个健康教育专题系列,从而使学生更为系统地学习和掌握健康知识,增强健康意识,形成健康行为和良好的生活方式。因此,学生的健康行为评价也成为

---

[1] 邓星华,谭华.新编体育教学论[M].上海:华东师范大学出版社,2008.

第七章　体质健康视角下体育教学评价体系的完善

体育学习评价的内容之一。

一般的,学生的健康行为评价内容主要有:是否有不良生活习惯,是否学会制订并遵守合理的作息制度,是否注意个人的卫生,是否为维护公共卫生而努力等。

二、学生学年体育学习评价

关于学生体育学习评价,可以分为三个阶段,即学年、学期和课堂,其中学年体育学习评价是最为宽泛的阶段。

(一)学生学年体育学习评价的基本要求

学生学年体育学习评价的主要目的在于:促进学生不断发展。在进行学生学年体育学习评价时,需要做到以下几点要求。

(1)可以以年内两个不同学期累加的方法为依据来评价学生学年体育学习,注意两个学期的评价是有所差别的。学生在不同季节所进行体育活动的情况是不同的,因此,应对学生整个学年的体育学习情况进行评价。

(2)在进行学生学年体育学习评价时,要与每个学年必测的《国家学生体质健康标准》相结合,由此来将学生在一年里体育学习的成果充分反映出来。

(3)学生学习体育是一个过程,从每一节课,到单元教学、学期教学,再到学年教学,这些都将学生对体育学习与锻炼的坚持性体现了出来,同时,也在一定程度上体现出了学生的意志与恒心。

(二)学生学年体育学习评价的内容

一般的,学生学年体育学习评价的主要内容可以大致归纳为四个方面,具体见表7-6。

表7-6　以学年为单位的学生个体体育学习评价内容[①]

一级指标	二级指标	三级指标	评价手段
学生自我成长的评价	自我成长档案袋	学年内每节课的自我成长记录卡:内容可以包括对体育教师、体育教学方法、自我收获与体会等的评价	自我评价

---

① 李启迪,邵伟德.体育教学基本理论研究[M].北京:北京师范大学出版社,2014.

续表

一级指标	二级指标	三级指标	评价手段
学年体育	学习态度	学年内每节课的课堂学习态度：到课率、迟到早退等课堂常规	教师评价
	运动参与	学年内每节课的运动参与态度与积极性	教师评价与学生评价相结合
学习评价	运动技能	对已学项目进行技术评定	教师评价
	体能	根据所学项目进行测试	教师评价
	心理健康与社会适应	根据所学项目进行心理健康与社会适应方面的定性评价，社会适应发展中包含个人对每节课课堂学习氛围的贡献	教师评价与学生评价相结合
国家学生体质健康标准测试结果	各水平所规定的各项指标		教师评价

三、学生学期体育学习评价

学生学期体育学习评价是在学年体育学习评价的基础上进行的进一步细分

（一）学生学期体育学习评价的基本要求

学期教学由单元教学与体育课教学构成，在进行学生学期体育学习评价时应关注以下几个方面。

（1）学生学期体育学习评价内容应与《国家学生体质健康标准》测试分开。

（2）学生学期体育学习评价指标应与课程目标基本一致。这主要是因为，体育课程标准的目标不仅会对体育课堂学生学习目标产生影响，同时，也会对学生学期体育学习目标产生影响。

（3）要关注对学生自我成长的评价。由于以往过于注重学生外显行为的评价，即使有一些学生内在思想的变化评价，如不同的调查问卷表等，学生也是或比较马虎地对待或都打高分，失去了参考价值。另外，还会增加"自我成长档案袋"的评价内容，这就为体育教师深入了解学生、评价学生提供了可靠的依据，同时也是一种很好的教学反馈信息，这对于

第七章 体质健康视角下体育教学评价体系的完善

体育教师教学改革是有所助益的。

（4）与各类运动项目的特点相结合进行运动技能评价。由于学生的身体基础不同，体育基础各异，如果按照绝对成绩来评价技能是不公正的、不科学的、不合理的，因此，从可操作的意义上来说，以中等难度来测量学生对于运动技术、运动技能的掌握情况是较为理想的选择。

（5）与运动项目的特点相结合进行体能评价。不同的运动项目对体能的要求是不同的，每一种体能在每一个项目中的要求也是不同的。因此，撇开每学期所学的具体运动项目来进行体质测试，往往是不科学的。因此，体育课程学习评价应立足于学什么、练什么则考什么，运动技能考核如此，体能考核也应如此，根据学生所学过的项目进行项目体能测试。

（二）学生学期体育学习评价的内容

以新课程标准和学期体育教学的特点为依据，以学期和个体为单位，把学生学期体育学习评价内容大致归纳为下表 7-7 的几点。

表 7-7　以学期为单位的学生个体体育学习评价内容[1]

一级指标	二级指标	三级指标	评价手段
学生自我成长的评价	自我成长档案袋	学期内每节课的自我成长记录卡：内容可以包括对体育教师、体育教学方法、自我收获与体会等的评价	自我评价
学期体育学习评价	学习态度	学期内每节课的课堂学习态度：到课率、迟到早退等课堂常规	教师评价
	运动参与	学期内每节课的运动参与态度与积极性	教师评价与学生评价相结合
	运动技能	对已学项目进行技术评定	教师评价
	体能	根据所学项目进行测试	教师评价
	心理健康与社会适应	根据所学项目进行心理健康与社会适应方面的定性评价，社会适应发展中包含个人对每节课课堂学习氛围的贡献	教师评价与学生评价相结合

---

[1] 李启迪，邵伟德.体育教学基本理论研究[M].北京：北京师范大学出版社，2014.

四、学生课堂体育学习评价

(一)学生课堂体育学习评价的基本要求

体育课堂教学是体育教学的最小单位,体育课堂教学评价是最为重要的评价。在进行学生课堂体育学习评价时,需要做到以下几个方面的要求。

(1)一般的,体育课堂教学评价通常都是教师的即时评价,这些评价可能不会列入对学生学习总评价的范畴,也不能进行定量的评价,但这是非常重要的评价,其在学生体育学习方面所起到的作用非常重要,不可忽视。

(2)学生课堂体育学习评价目标也要与体育课程目标相一致,其中,其所包含的内容主要有:体能发展、运动技术提高、心理与社会适应发展、运动参与的态度与积极性等方面。

(3)关注评价目标的同时,也对学生课堂学习氛围的评价加以关注。究其原因,是因为课堂教学除了个人努力之外,还有集体力量的作用,因此,要把课堂氛围也作为一个重要的评价指标。

(4)要在考察某一节课的学生体育学习情况的同时,也要对每一节课的学生学习表现加以关注。因为只有每一节课都能努力表现,这样的表现才是真实的、可靠的。

(二)学生课堂体育学习评价的内容

以新课程标准和体育课的教学特点为依据,可以以课和个体为单位,把学生课堂体育学习评价内容大致归纳为表7-8中的几点。

表7-8 以课为单位的学生个体体育学习评价内容[1]

内容指标	一级指标	二级指标	评价手段
课堂体育	态度	一节课的学习态度:到课率、迟到早退等课堂常规	组内评价
	行为	一节课的运动参与态度与积极性	教师评价
学习评价	运动技术	已学项目技术的掌握情况	教师评价
	体能	结合所学运动项目体能促进情况	教师评价

---

[1] 李启迪,邵伟德.体育教学基本理论研究[M].北京:北京师范大学出版社,2014.

续表

内容指标	一级指标	二级指标	评价手段
	心理健康与社会适应	结合所学运动项目进行心理健康与社会适应方面的定性评价,社会适应发展中包含个人对一节课课堂学习氛围的贡献	教师评价

第四节 体质健康视角下体育教学评价的发展与探索

一、当前体育教学评价发展中存在的问题

（一）体育教学评价的传统观念有待转变

一直以来,由于受到传统教育理念的深刻影响,大部分的体育教师在体育教学评价观念上仍然是较为保守的,创新意识较为欠缺,这对于体育教学评价与现代社会的衔接是起到制约,甚至阻碍作用的。从当前的形势来看,由于深受应试教育思想的影响,学生体育学习评价的最有效的体现仍是测验分数和文字表述,这对于学生学习潜能的挖掘和激发并不会产生积极的影响,也不能有效提升学生身体素质和体育素养,这在个性化与多样性方面是较为欠缺的,有必要转变旧有的体育教学评价观念。

（二）没有充分认识到体育教学评价的目的

一般的,可以将体育教学评价的目的大致归纳为两方面：一是检查教师的教学情况,为教师改进教学、提高教学质量提供帮助；二是了解学生的学习情况,使学生对自己的进步情况和需要改进的地方有充分的了解与认识,在此基础上进一步提高自身学习水平。但是在实践中,体育教学评价的目的却并非如此,其通常是为了评价而评价,与实际体育教学并不相适应。

（三）对体育教学评价的基本功能没有重视起来

体育教学评价的功能是多元化的,比如,测试、鉴定和评比等,但是选拔、评比并不是体育教学评价的最终目的,而是要通过评价促进学生的发展,从而实现教学评价在教育体系中的作用。体育教学评价就是要关注、

关心学生的成长,让他们拥有健康的心理和对自我的正确认识。但是,传统的教学评价仅仅将体育教育评价对学生个体的测试、鉴定和评比的功能视为其唯一的功能,这就将体育教学评价促进学生的有效发展这一最基本的功能忽略掉了,这与现代社会发展需求是不相适应的。

(四)体育教学评价内容的全面性欠缺

在很长的一段时间内,体育教学评价的内容重点都是身体素质、运动能力和技能的考评。通常却忽视或者弱化了其他非智力方面的内容,比如,体育态度、体育意识、合作精神等情感和社会性发展等方面,而这些内容不仅是体育教学目标的重要组成部分,它们还从学习的深层动力机制上对体育学习的过程及其结果产生影响,对学生终身体育意识和运动习惯的养成等方面的发展产生很大的影响。因此,这就要求必须将主观评价和客观评价有机地结合起来,从而使体育教学评价的全面性得到提升,并有效促进终身体育目标的实现,优化体育教学目标的实现。

(五)体育教学评价的方式相对比较单一

目前,体育教学评价通常都会采用量化评价与总结性评价的方式,但是,对综合性评价方式的有效运用却忽视了。当前的评价方式主要是从学科建设的角度来考虑的,忽略了学生的实际体育需求以及学生的身体素质差异。学生在成长环境等多种因素的影响下,他们的身体素质以及对体育的兴趣爱好、个体潜能都具有很大差别,如果体育教师忽视了学生对体育运动的主动性,缺乏对学生兴趣的了解,教学过程中仍然采用统一方式、标准进行教学和评价,很多学生则会对体育学习及教学评价产生逆反心理,这就会对体育教学发展和学生身心健康发展产生阻碍作用。[①]

(六)忽视学生的个体差异

传统的体育教学评价的制定是以学生群体的发展水平为依据来进行的,其存在着一个最大的问题,就是忽视了学生个体由于遗传、环境、地理条件等因素存在的显著差别。[②] 同一年招入的学生,在身高、体能、运动

---

① 樊冬菊.西安市高中体育教学评价的问题与对策研究[D].西安外国语大学,2018.
② 王旭芳.改进体育教学评价,促进学生健康发展[J].文理导航(中旬),2012(06):34.

第七章 体质健康视角下体育教学评价体系的完善

能力等方面的差异性是存在的,并且具有显著性。通常,传统的体育教学评价在对学生进行评价时,所用到的评价标准是固定且同样的,由此,所反映出的只能是学生在群体中大概处于一个什么样的位置,无法将学生个体通过体育教育、体育锻炼而获得的发展反映出来,这就必然会对部分学生在体育方面的兴趣爱好产生影响,对于部分学生的体育锻炼积极性也是非常不利的。

二、体质健康视角下体育教学评价的发展趋势

体育教学评价体系是学校体育改革的方向盘,对体育教学思路走向和体育教学质量标准以及社会人才观的取向都有着重要的导向作用。因此,确定体育教学评价的发展趋势,对于体育教学评价体系的建设与完善也有着至关重要的指导作用。

(一)评价理念趋于动态化

体育教学的发展一定要将着眼点放在未来社会和基础教育,培养具有科学的价值观、全新的知识结构和思维方式,具有创新精神和实践能力的新型体育人才上面。在健康教育的实施过程中,科学的体育教学评价能够使体育教学改革与发展的实现得到有力保证,同时也能达到提高教学质量的目的。

当前,与现代社会发展相适应的教育评价方式为发展性评价,即淡化评价的甄别选拔的作用,建立评价内容多元、评价方式多样,着眼于学生的发展和教师素质的提高,并有效地改进教学实践的评价体系。发展性评价是非常重要的,其主要是为了全面考查学生的学习状况,激励学生的学习热情,促进学生的全面发展,同时也促进教师反思和教学改进。[1]其所产生的影响主要从改变旧课程实施的评价观念、方法和手段方面得到体现。另外,还需要强调的一点是,发展性评价强调评价必须以人为本,促进个性的协调发展;评价必须关注个体的处境与需要,必须促进个体体会的实现,必须将人的主体精神有效激发出来。

(二)评价主体趋于互动化

在现代体育教学评价的发展过程中,其所强调的重点通常有两个方

---

[1] 汪英."健康第一"指导思想下体育教学评价体系及发展趋势研究[J].湖北体育科技,2007(01):117+120.

面：一个是评价过程中主体间的双向选择、沟通和协商,关注评价结果的认同问题;另一个是加强自评、他评,使评价成为管理者、教师、学生共同积极参与的交互活动。由此可以看出,在体育教学评价中,评价主体之间的联系与互动越来越紧密,并且对评价的效果有着一定的影响。

在教学评价中,应该将使用评价信息的各方面人员都邀请到评价中来,请他们将自身对评价的要求和建议提出来,以使评价结果能够很好地符合使用者需求。把被评者加进评价者的行列,就会把原先的评与被评的对立关系转化成平等的协作关系。

(三)评价内容趋于多元化

学生是体育教学评价的主体,因此,体育教学评价的开展要围绕着学生的特点和需求来进行,因此,考查学生的综合素质是关注重点之一,其包含的内容涉及学生的认知、技术技能,学生的身心健康、社会适应性与创新精神和体育能力,以及积极的情绪情感体验和心理素质的培养。还有,在质性评价方法的基础上,要考查技术或理论知识等认知层面的内容,同时也不能忽视了对表现等行为层面内容的考查。除此之外,还要注重对个体发展独特性的认可,帮助学生树立自信。

(四)评价方式趋于多维化

1. 诊断性评价、形成性评价和终结性评价相结合

为了有效改善终结性评价失去了评价的有效反馈功能,对激励学生学习,提高学习效果以及帮助教师改进教学意义不大的情况,要使之前所采取的单纯的终结性评价方式发生转变,而采用诊断性、形成性和终结性评价相结合的评价方法,使整个评价活动始终处于不断上升的动态之中。[①]

2. 定性评价与定量评价相结合

在体育教学中采取定量评价,能够有效增强评价的科学性,使过去单一的定性评价发生改变,这就赋予了定量评价主要地位。但是,这与体育教育的复杂性是不相适应的,尤其是针对现在所实施的素质教育,其中的学生体育态度、思想品德、心理素质、锻炼能力等指标是无法进行量化的,

---

① 汪英."健康第一"指导思想下体育教学评价体系及发展趋势研究[J].湖北体育科技,2007(01):116-117+120.

第七章　体质健康视角下体育教学评价体系的完善

因此,单纯使用定量评价是不科学的,必须把定量评价与定性评价结合起来使用。

3. 自评与他评相结合

对于传统的体育教学评价来说,其通常对他人的评价是较为注重的,但是,在教师和学生的自我评价方面通常都是忽视的。在体育教师的评价方面,只进行教师的自我评价是会缺乏客观性的,这就需要同时采用他评的方式,同行教师评价、学生评价以及学校领导评价等。这样,能够使体育教师自身的专业水平、课堂教学水平等都得到综合提升。在学生的评价方面,为了使学生对自身有客观且全面的了解,需要对自己进行自评,同时,也要结合教师和同学的他评,这对于学生体育学习的改进是有帮助的。

三、体育教学评价发展与探索的重要举措

基于调查分析中总结出的不足,本研究提出具有针对性的对策建议,以期进一步改善体育教学评价体系,促进评价价值功能的充分发挥,进而促进教学水平的提升,学生身心健康发展。

（一）进一步认识体育教学评价,并将其价值充分发挥出来

在整个体育教学过程中,教师和学生在体育教学评价方面的认识还存在着严重的不足,因此,要想方设法增强他们的体育教学评价意识,首先要做的就是使他们了解体育教学评价的真正作用和价值。[①] 这一点要从学校的角度来实施,学校要起到发挥教学评价的积极作用,将体育教师的行动动机和热情充分激发出来,对体育教学评价的目的进行明确,即促进体育教学发展,改进教学体制,从某种意义上来说,这是唤起教师的责任感和使命感的重要途径之一。

（二）坚持以人为本的学生观

学生在体育教学中是处于重要的主体地位的,体育教学活动的开展也要围绕着学生来进行。因此,学校必须满足他们的需求,并且培养学生的主体意识,让他们学会主动学习,这样才更有利于学生的发展与成功。

---

① 樊冬菊. 西安市高中体育教学评价的问题与对策研究[D]. 西安外国语大学, 2018.

学校是教育的重要基地和平台,其教育对象是全体学生,教育者要坚持以人为本的学生观,相信每个学生都有发展的潜能,并通过积极鼓励的措施,来使每一个学生努力做最好的自己,这样才能使每个学生都得到良好的发展,将来成为有用的人才。

(三)要对学生学习过程的评价加以重视

体育教学评价采用的评价手段不能仅限于终结性评价这一单一手段,也要对学生在学习过程中的表现的评价加以重视。所涉及的内容主要有:学生在锻炼过程中表现出来的情感;学生在克服困难时表现出来的毅力;学生参与体育课的兴趣和积极思维水平;学生课后自觉锻炼的态度情感。这些方面的评价对学生的学习过程是非常重视的,通过学习过程的有效评价,对学生的发展起到促进作用。

(四)完善体育教学评价内容,健全评价体系

体育教学评价不仅要发挥价值,重视学生需求,还要保证其评价内容的全面性、结果的客观性,这一点至关重要,要做到这一要求,就要求重视教师和学生两个主体的意愿,从教师和学生的情感状态、自身行为、实际需求出发,不断丰富评价内容,完善教学评价体系,使其更加系统化、科学化。

一方面,学校应该完善体育教学培训体系,定期对教师进行新知识、新技能培训,从而使教师的整体素质得到有效提升,促使教师能够更深入地理解体育教学的目的、目标,就是要促进学生增强体育健身运动,培养坚毅品质。[1]

另一方面,体育教师要遵守体育教学标准和评价的原则,保证教学评价的客观性和全面性,将体育教学的发散功能尽可能地发挥出来。体育教师也要重视在教学活动中所感受到学生体育学习过程的成长与发展,在评价学生体育学习及表现时,推进体育教学方式的向服务对象转变。[2]

(五)健全体育教学评价方式,重视多元化评价方式的运用

体育教学评价方式的多元化,就是指从单向转为多向,增强评价主体

---

[1] 樊冬菊. 西安市高中体育教学评价的问题与对策研究[D]. 西安外国语大学, 2018.
[2] 同上。

第七章 体质健康视角下体育教学评价体系的完善

间的互动,强调被评价者成为评价主体中的一员,建立学生、家长和教师等共同参与、交互作用的评价机制,以多渠道的反馈信息促进被评价者的发展。[①] 因此,建立由学生、家长、学校等共同参与的多元评价机制,使学生对自我有着更为全面的认识,对于学生全面发展是有着积极的促进作用的。

由于学生具有鲜明的个性,他们的体育需求及身心的发展都有着自身的特点,并且不同学生间的层次化差异比较显著。因此,学校在进行教学评价时,可以制定层次化教学评价方案,根据学生的身体素质及体育技能进行合理的设计,不同层次的学生对应不同层次的教学评价方案,这就使得评价机制更具多样性与个性,从而能更加有效地发挥体育评价的教育功能,促进学生体育发展。

(六)评价时要遵循学生差异性原则

由于地区和学生自身的能力水平、学习风格与发展需求等方面都存在着较大的差异性,因此,这就要求教师在进行体育教学评价时,一定要正视这种个别差异,对不同层次的学生应采用不同的评价标准来衡量。通常,对后进生采用表扬评价,寻找其闪光点,及时肯定他们的点滴进步,调动他们学习的积极性;对中等生采用激励性评价,在揭示其不足的同时也要指明努力的方向,促使他们积极向上;对优生采用竞争性评价,坚持高标准、严要求,促使他们更加严谨、谦虚,不断超越自己。[②] 由此,来使所有的学生都能够在原有的基础上有进一步的提升和进步。

[①] 王旭芳.改进体育教学评价,促进学生健康发展[J].文理导航(中旬),2012(06):34.
[②] 贾天武.正确发挥体育教学评价全面促进学生健康发展[J].课程教育研究,2018(07):207-208.

第八章 体质健康视角下体育教学环境的创设与发展

在体育教学中,加强体育教学环境的建设是非常重要的,因为只有在良好的体育教学环境下,才能有效激发学生学习的兴趣,从而提高教学质量。在良好的教学环境下,学生更愿意自觉参加体育锻炼,从而促进体质健康的发展。本章就重点以体质健康为视角研究体育教学环境如何创设与发展。

第一节 体育教学环境理论基础

大量的实践表明,构建一个良好的体育教学环境对于体育教学及学生的发展都具有重要的意义。作为一名体育教师,要深刻理解体育教学环境建设的意义与价值,在平时的教学中,加强这方面理论知识的学习,掌握创设体育教学环境的方法,努力构建一个有利于学生体质健康和长远发展的教学环境。

一、体育教学环境的概念

(一)教学环境

体育教学是师生双边活动,这一活动是以教学环境为载体的,只有在特定的教学环境下,体育教学活动才能得以正常顺利的开展。教学环境是指在推动人类身体发展和心理发展的需求下组织的育人环境,在学校教学中,主要表现为开展各种教学活动所需要具备的各类条件的总和。教学环境的构成要素比较复杂,作为管理人员一定要对此进行深刻的剖析与掌握。

第八章 体质健康视角下体育教学环境的创设与发展

一般来说,教学环境的概念有广义和狭义之分,要想更好地理解教学环境,就要从这两方面去详细地了解。

广义层面的教学环境:在这一层面,教学环境就是作用于体育教学的所有社会环境,其中社会制度、各种科学技术等都是重要的教学环境构成要素。

狭义层面的教学环境:这一层面的教学环境主要包括物质环境与心理环境两个方面,教学场地、教学设备等属于物质环境的内容;而规章制度、师生关系等则属于心理环境的内容。本书重点研究狭义层面的体育教学环境。

(二)体育教学环境

根据以上教学环境概念的分析,我们可以将体育教学环境的概念描述为:对体育"教"与"学"两方面的效果造成影响的显性教学条件和隐性教学条件以及这些条件共同构成的教学氛围。

从体育教学环境的概念中我们可以看出,体育教学环境表现出以下三个层面的意义。

第一,体育教学环境是体育教学活动顺利开展的重要条件和因素。

第二,体育教学环境是形成体育教学氛围的一个重要基础和条件。

第三,体育教学环境可以划分为显性因素和隐性因素,它属于一个中性词义,既存在好的、优良的教学环境,也存在不好的、较差的教学环境。

因此说,并不是所有的体育教学环境都有利于体育教学与学生的发展,我们要努力创设一个良好的教学环境为学生的发展提供良好的学习保障。通常来说,体育教学环境的创设离不开人的创造性的发挥,相关的工作人员(包括体育教师、管理人员等)要加强体育教学环境的创造、维护及优化,只有如此,体育教学环境才能适合学校体育教育的要求和学习的学习需求,才能促进学生的健康发展。

二、体育教学环境的构成要素

(一)物理环境

在体育教学中,物理环境主要包括体育场地、体育设施、各种教学信息、班级规模、队列队形等内容。体育教学的物理环境是上好体育课的重要保证,加强这一方面的建设至关重要。

1. 体育教学场所和设备

体育教学与其他学科一个重要的区别就在于体育教学主要是以人体运动为主的形式,体育教学实践课的开展要建立在特定的体育教学场所基础之上。如篮球课需要篮球场或篮球馆、足球课需要足球场、田径课需要田径场等,这些体育教学场所是开展体育教学活动的必备条件。

在体育教学中,可以利用到的体育设备主要包括常规性设备与体育器材设备两种。常规性设备主要包括图书资料、多媒体教学设备等;体育器材设备则主要包括各种球类及体育器材设备等。这些设备是体育教学活动开展的重要保障,学校体育部门一定要实现购置并做好设备的维护和保养工作。

2. 体育教学的自然环境

体育教学的自然环境是指校园内及周边的地形、湖泊、草地、阳光、空气等内容。一个良好的自然环境对于体育教学质量的提高也具有十分重要的意义,这是因为体育实践课大都是在户外进行的,学生参加体育运动锻炼也基本是在室外进行的,是否具有良好的自然环境条件会对学生的学习和锻炼产生重要的影响。需要注意的是,人们改变自然环境的难度比较大,因此在改造这些自然环境时要量力而行,严格遵循因地制宜的原则对体育教学的自然环境进行开发与利用,不能盲目进行。

3. 体育教学信息

在体育教学中,整个体育教学过程可以说就是多类信息相互传递、相互接受的一个过程。通过各种信息的输入与输出,教学活动得以顺利开展。对于体育教师而言,输出的教学信息有助于学生掌握和提高运动技能,促进学生的全面发展。另外,学生也能通过各种手段和方式向教师与其他学生反馈,从而为体育教师教学的安排提供可靠的依据。

体育教学中的信息是非常多样的,作为一名合格的体育教师要充分分析这些教学信息,从而为体育教学活动的顺利开展奠定良好的基础和保障,体育教学信息内容主要包括体育学科知识信息、体育教学管理信息等;另外,体育教师还要分析体育教学信息的传递过程,对信息过程中的本体信息与反馈信息进行细致的研究与分析,这也有利于体育教师合理地掌控体育教学活动。依据体育教学信息的性质,可以将体育教学内容分为有效信息和干扰信息两种形式,其中,有效信息主要对体育教学起积极影响,而干扰信息则会对体育教学起消极影响。因此,体育教师一定要准确地区分这两种信息。

4. 班级规模

班级规模就是指的一个班级有多少学生。班级规模的大小对于体育教学活动的开展也具有重要的影响,这一影响主要体现在学生成绩、学生学习兴趣等方面。作为一名学校教育部门,一定要控制好班级的规模,班级规模的控制要合理,不能过大或过小,过大或过小都会影响体育教学的效果。一般情况下,班级的人数要保持在一个正常的范围,如果超出了正常的范围,体育教师的教学难度就会增大,会对体育教学管理带来重要的影响,这非常不利于体育教学活动的顺利开展。

以高校体育教学为例,近年来的扩招政策导致很多学校的规模越来越大,进而导致学生人数逐步增多,班级人数的增多会涉及各种因素,也会导致更多的问题。因此一定要妥善处理班级规模问题,如果难以解决,可以在具体的教学中实行分组教学的手段,以取得良好的教学效果。

5. 队列与队形

在体育教学中,队列与队形的安排是必不可少的,一个合理的队列队形有利于师生间的沟通与交流,有利于教学效率的提高,也会对体育教学质量产生重要的影响。在具体的教学实践中,体育教师可以根据学生的实际情况合理选择不同的队列队形,其中长方形、圆形、马蹄形等编排方式都是常用的几种。这些队列队形的安排要以具体的教学任务与教学内容为重要依据,要有利于师生间的沟通与交流,不利于双方交流的队列队形都是不可取的。

(二)心理环境

除了物理环境外,心理环境也是体育教学环境的重要构成要素。一般来说,体育教学的心理环境主要包括以下几个方面的内容。

1. 校风与班风

校风是指学校内部产生并形成的社会氛围。班风则是指班级全体成员在交往过程中产生的共同心理倾向。校风与班风的形成对于体育教学活动的开展,对于学生的体育行为都会产生十分重要的影响。因此,构建良好的校风与班风是非常重要的。

与有形的物理环境要素相比,校风和班风则属于无形的环境因素,这些无形的因素会对学生的学习态度、价值观以及体育行为产生至关重要的影响。因此,加强校风和班风的建设至关重要。

2. 学校体育传统与风气

学校体育传统和风气指的是学校在体育层面产生并流行,同时拥有普遍性、反复出现、相对稳定等特征的一种集体行为风尚。这一心理环境要素对于体育教学环境的构建具有潜移默化的影响,因此要引起高度重视。

学校体育传统与风气对体育教学的影响主要体现在促进学生正确的体育态度和行为的形成,促进学生良好体育锻炼习惯的养成,同时还能促进学生全面素质的发展和提高。学校体育传统与风气的形成并不是一件容易的事情,需要长期的坚持与积累。

相关研究表明,学校体育传统与风气的形成主要分为孕育、整合、内化和成熟四个阶段。[1] 这一过程也是由多数成员被动或半被动接受体育的行为规范向所有成员自觉的体育意识和行为的变化过程。在良好的体育传统和风气引领下,会对学生产生一定的约束力量,提高学生心理调控的能力。

3. 体育课堂心理气氛

体育课堂心理气氛主要指的是班集体产生的情感状态。这一情感状态主要包括积极的、消极的和对抗的等几种。一般情况下,体育课堂心理气氛一旦形成就会比较稳定,不会轻易发生变化。作为体育教师,一定要在具体的体育教学中引导学生形成良好的体育课堂心理气氛。

体育课堂心理气氛的影响因素是非常多的,其中学生对教学目标的认同、学生对体育教师的要求、师生之间的关系等都是非常重要的影响因素。可以说,一个良好的体育课堂心理气氛能有效促进师生之间的情感交流,激发学生参与体育教学活动的积极性,培养学生良好的意志品质。

4. 体育教学中的人际关系

体育教学的人际关系主要指的是师生关系,良好的师生关系有利于体育教学氛围的形成,有利于体育教师教学活动的组织,有利于学生学习积极性的提高,因此,加强师生关系建设是体育教学的一项重要任务。

体育教学属于一个大的系统,系统内涵盖多种要素,其中的人际关系也是比较复杂的,增进师生之间的关系对于体育教学环境的建设至关重要。因此,一定要重视师生之间和学生之间的合作,构建一个融洽的人际关系,促进学生社会交往能力的提高,这对于师生的共同发展,对于教学质量的提高都具有非常重要的意义。

---

[1] 姚蕾.体育隐蔽课程的基本理论与实践[M].北京:人民体育出版社,2002.

第八章　体质健康视角下体育教学环境的创设与发展

5. 体育课堂常规

体育课堂常规主要指的是为完成课堂任务向师生提出的共同要求，一个良好的体育课堂常规对于体育教学环境的建设具有重要的意义和作用。体育实践课中对服装的要求，师生之间的交流等都是体育课堂常规的重要内容。这一部分的内容并不是可有可无的，它能对师生产生良好的约束，促进着体育教学的发展。

三、体育教学环境的特征与功能

（一）体育教学环境的特征

众所周知，构建一个良好的体育教学环境无论是对于体育教学质量的提高还是学生的发展都具有十分重要的意义，要把体育教学环境的构建看作一项重要的工作。在良好的体育教学环境下，体育教学活动的顺利开展会使学生的学习效率得到极大的提高。作为一名体育教师，一定要充分了解体育教学环境的内涵及特征，根据此加强体育教学环境的建设。

一般来说，体育教学环境的特征主要体现在以下几个方面。

1. 科学性特征

体育教学环境的建立并不是一件容易的事情，在建设的过程中涉及各方面的因素，其构建要保持科学性，这样才能构建出有效的体育教学环境。在构建体育教学环境的过程中，体育教师需要以特定的目标与需要作为基本依据，通过论证、加工等各个步骤打造体育教学环境。因此说，体育教学环境具有科学性的特征。

2. 可控性特征

一个科学有效的体育教学环境还必须具有一定的可控性，只有如此才能保证教学活动的顺利开展，保证学生身心健康发展。一个可控性的体育教学环境必须要能促进学生的身心发展，必须要便于体育教学活动的开展，满足教学活动的需要。体育教师在平时的教学中要采取各种手段与措施加强体育教学环境的建设，摒弃各种不良因素，促进体育教学环境的优化。

3. 目的性和计划性特征

体育教学环境的建设不是盲目进行的，而是要具有一定的目的性和计划性,这样建设的教学环境才符合科学性的要求。在目的性和计划性的指导下,体育教师要以具体的体育教学目标、学生发展实际等为出发点设计体育教学环境,这样能提高学生参与活动的积极性,提高其主动探索的能力。体育教学环境的目的性与计划性特征非常重要,一定要引起重视。

4. 规范性和教育性特征

体育教学环境还具有一定的规范性与教育性特征。体育教学环境是体育教学活动开展的重要舞台,它是体育教学质量的重要保证,影响到教学效果的好坏,在构建体育教学环境的过程中一定要结合体育教学环境的这两个特征进行,如此才能构建出良好的教学环境。

4. 双重性和双向性特征

体育教学环境还具有重要的双重性与双向性特征,这一特征主要体现在以下几个方面:第一,体育教学环境具有一定的指向性,能指引着学生学习活动的正常开展,如果缺少了指向性,学生的学习活动就会偏离方向,不利于教学目标的实现。第二,学生的学习态度与行为,如被动学习与主动学习等都会对体育教学环境产生不同的影响,这需要引起重视。由此可见,双重性与双向性是体育教学环境的一个十分重要的特征。

5. 自发性与潜在性特征

大量的事实表明,一个良好的体育教学环境会对学生的学习产生积极的影响,反之则会产生不利的影响。在良好的教学环境下,学生如鱼得水,能受到良好的刺激,产生学习的动力,从而提高学习水平。这些都充分说明体育教学环境具有一定的自发性与潜在性的特征。

6. 复合性特征

体育课与其他文化科目相比,在教学活动上相对比较复杂。在教学目标方面,体育教学活动更加多样;而在教学内容方面,体育教学活动具有丰富性的特征。在这两种特征的共同作用下,体育教学活动的复杂性特征就会体现出来,进而促使体育教学环境呈现出复合性特点。

体育教学环境的复合性特点主要体现在以下两个方面。

一方面,体育教学环境比较复杂,除了在教室上理论课外,还要在户外上实践课,除了一般的教室、图书馆等教学设施外,还需要体育场馆、各种体育设施与器材等,天气、气候等状况直接影响到体育教学活动的开展。

另一方面,体育教学中,学生的心理环境也是比较复杂的,在具体的

第八章 体质健康视角下体育教学环境的创设与发展

教学活动中,师生之间、生生之间要进行各种互动与交流,存在着一些不确定因素。由此可见,体育教学环境要比一般的教学环境更为复杂。

(二)体育教学环境的功能

大量的研究与事实表明,体育教学环境具有多种功能,这些功能主要体现在以下几个方面。

1. 促进师生的健康功能

在良好的体育教学环境下,师生能受到积极的影响,从而获得共同的成长与进步,对于师生的共同成长起着重要的作用。体育教学环境会对师生的身心健康产生一定的影响,这一影响主要体现在生理与心理两个方面。因此说,促进师生健康是体育教学环境的一个重要功能。为促进这一功能的有效发挥,学校相关部门要采取各种手段与措施加强体育教学环境的建设,努力构建一个良好的教学环境和氛围。

2. 指导功能

指导功能也是体育教学环境一个非常重要的功能,这一功能主要体现在在体育教学环境的带动和影响下,学生以主动的心态接受一些价值观及行为准则,提高参加各项体育活动的动力。通常来说,一个良好的体育教学环境能反映出学校的价值取向,反映出学生的体育心理行为,能指引学生向着好的方向发展。因此,体育教学环境的这一功能对于学生而言是十分重要的,一定要引起重视。

3. 激励功能

激励功能也是体育教学环境的一个非常重要的功能,这一功能主要体现在以下几个方面。

(1)良好的体育教学环境能有效调动师生教学活动的积极性,提高教学效率。

(2)良好的体育教学环境能有效促进体育教学质量的提高。

(3)良好的体育场地、体育设施与器材等能为体育教学活动的开展提供可靠的保障。

4. 陶冶功能

在良好的体育教学环境下,学生的心理品质能得到良好的培养和提升,同时还能陶冶学生的情操,帮助学生养成良好的行为习惯,促进学生体育价值观的形成,这就是校园体育教学环境陶冶功能的具体体现。因此,在体育教学发展过程中,相关部门一定要加强体育教学环境的建设,这对于学生的心理品质的提升具有重要的意义。

第二节 体育教学环境的塑造

一、体育教学环境的现状

（一）物理环境的现状

1. 体育教学自然环境和场馆设施环境的现状

（1）严重缺乏体育场馆设施与体育器材

目前,我国各学校普遍存在着体育场馆设施与器材匮乏的情况,导致这一情况的主要因素在于缺乏必要的建设资金。在各学校办学规模不断扩大的情况下,教学硬件设施存在着诸多的障碍,由于缺乏资金,一些学校后期对体育场馆设施的投入不足,这一状况需要引起高度重视。

（2）体育场馆设施布局不合理

我国大部分学校的体育场馆设施建设属于高度集中的情况,学生到体育场馆中参与体育锻炼需要花费一定的时间,存在着布局不合理的情况,在这样的情况下,学生参与体育锻炼的积极性受到很大的打击。因此,在今后体育场馆的建设过程中一定要注意布局的合理性。

（3）自然条件对场馆设施的利用率影响大

我国地域辽阔,各个地区的气候、天气条件区别都比较大,因此在建设体育场馆时要充分考虑这一方面的因素。

2. 体育教学信息环境的现状

在信息化发展的背景下,构建一个体育信息平台是非常重要的,这是推动充分认识与了解体育运动和参加体育活动的重要手段和途径。在这一方面,我国一些学校发展得较好,但大部分学校存在着诸多问题。很多学校只是在校园中设置一些体育信息宣传栏,关于体育报道只是停留在体育新闻的报道上。很多学校缺乏体育健康方面的讲座,信息化技术手段利用不足。

第八章　体质健康视角下体育教学环境的创设与发展

3. 体育时空环境的现状

体育教学的时空环境主要指的是教学时间,这是一项非常关键的因素。通过对我国部分高校体育课时间安排的调查,调查结果显示有很多学生对体育课教学时间的安排存在不满,在这样的情况下,他们对体育教学容易产生厌烦情绪,不利于体育教学活动的开展。

(二)心理环境的现状

1. 人际关系的现状

据调查发现,在我国有很多学校的体育课堂气氛还存在不少问题,一般来说,这些体育课堂气氛主要分为三种类型,即和谐型、冷漠型和对抗型。其中,和谐型占被调查学生总人数的52.5%,冷漠型占43.9%,对抗型占3.6%,由此可见,我国学校体育课堂的气氛并不是很好,需要今后进一步改善。

2. 体育教学管理制度的现状

以我国高校为例,我国很多的高校在教学管理制度建设方面也存在不少问题,他们都将精力放在科研发展方面,忽略了体育教学的发展。有相当一部分体育教师存在着教学热情不高的情况,关于体育教学评价手段的利用也不是很合理,在一定程度上打击了学生学习的积极性。

3. 体育教学文化心理环境的现状

目前,我国绝大部分的学校对体育教师的培养和培训还不够,体育教师素质提高的途径十分欠缺,有些体育教师的专业结构配比不合理。据调查发现,有些学校的体育专项教师过剩。但是,很多学生喜欢的网球、羽毛球、游泳等项目的体育教师则相对匮乏,这种情况需要引起重视。

4. 体育教学组织环境的现状

学校体育教学组织环境的建设对于体育教学活动的顺利开展具有十分重要的意义和作用。目前,一个现实情况是,我国很多学校的班级规模整体偏大,在组织教学活动时,通常采用分组教学这一形式,教学组织形式比较单一,影响着体育教学的发展。

二、体育教学环境塑造的基本原则

为促进体育教学质量的提高,塑造一个良好的教学环境,这需要充分考虑以下三个方面,即学生的身心发展情况、学校体育教学条件和具体的体育教学情境。一般来说,体育教学环境的塑造应当遵循以下基本原则。

（一）教育性原则

学校环境比较特殊,与社会环境有着一定的区别。学校可以说是一个简化、净化、平衡化、精神化、以人为中心的环境。苏联著名教育家苏霍姆林斯基说过:"孩子在他周围——在走廊的墙壁上、在教室里、在活动室里——经常看到的一切,对他精神面貌的形成具有重大的意义。"

在体育教学环境建设与塑造的过程中,要坚持教育性的基本原则,设计和优化大型体育场馆乃至体育宣传橱窗都具有深远意义,原因在于其不仅能深入挖掘体育教学环境的教育意义,还能充分发散学生的学习思维,激发学生学习的积极性,促进学生学习效率的提高,这对于体育教学以及学生的发展都具有深远的影响和意义。

（二）人文性原则

在塑造体育教学环境的过程中,还要坚持人文性的基本原则,坚持这一原则需要注意以下几个方面。

（1）在体育教学物理环境的构建与塑造过程中,要充分体现学生的人文关怀,认真检查体育教学物理环境是否存在着较大的安全隐患,发生安全隐患后要及时排除这些隐患,避免对学生造成伤害。

（2）体育教学环境的塑造对于学生的学习而言非常重要,在具体的教学环境建设过程中,体育教师不仅要扮演师长的角色,同时要扮演朋友的角色,加强与学生的沟通与交流,对其进行人文关怀,这样学生才能感受到教师的温暖呵护,提高学习的自信。

（三）科学性原则

体育教学环境的塑造还要遵循一定的科学性原则,这一原则主要有以下三个方面的含义。

（1）体育教学环境的塑造应当将出发点设定为体育教学目标以及体育教学内容的具体情况,尽量满足学生的学习需求。

（2）体育教学环境的塑造还要充分遵循生态学、教育学、心理学、生理学、建筑学、美学等各方面的原理,保证教学环境塑造的科学性与合理性。

第八章 体质健康视角下体育教学环境的创设与发展

（3）体育教学环境的塑造还要充分兼顾不同学生的年龄与性别两方面的差异，同时还要满足学生的个性化需求。

（四）实用性原则

由于每一所学校的具体实际都是不同的，因此在塑造体育教学环境时，一定要密切联系学校的具体实际，依据事先制定的体育教学目标展开各种行动。我国地域辽阔，各个地区的学校发展实际也是不同的，各个学校的体育教学环境参差不齐，尤其是在物理环境建设方面存在着较大的区别。在具体的教学环境建设中，一定要因地制宜，注重学校体育教学环境形式和外表的统一，构建良好的体育教学环境，促进体育教学质量的提高。

三、体育教学环境塑造的策略

（一）体育教学物理环境的塑造策略

体育教学物理环境主要指的是体育教学场地、设施与设备等方面的建设情况，这一方面会对体育教学的质量产生极为重要的影响，因此一定要引起重视。其重要的原因就在于体育教学物理环境能满足体育教学活动和不同学生的各种需求。因此，塑造高校体育教学物理环境时一定要充分考虑学校以及学生的具体实际情况，将学校体育教学物理环境的功能充分发挥出来。一般来说，体育教学物理环境的塑造主要有以下几个策略。

1. 和谐美观策略

在进行体育教学场地、设施等方面的建设时，要本着合理、协调、美观的基本原则进行，也就是体育教学物理环境塑造的和谐美观策略。这一策略主要有以下几个方面的含义。

（1）体育教学场地与设施的建设要与校园内的其他建筑、设施相协调。如体育场馆的功能、布局等都要与本校的图书馆、教学楼、行政楼等建筑相统一，形成一个和谐的局面。

（2）体育场所和体育设施要保持协调一致，还要做到简洁美观。以篮球场为例，篮球场的布局与间隔距离要科学合理，便于教学活动的开展。体育教师在布置教学场地和器材时，要按照层次清晰、有条不紊的要求进行，教学场地内颜色的搭配要达到科学、美观的要求，符合学生的心理特点。这样便于教学活动的顺利开展。

（3）体育教学场所与设施的建设还要符合学校附近的自然环境。如学校可以结合具体实际在小山坡上设计攀爬项目或者越野跑项目。另外，在教学环境塑造的过程中还要加强绿化工作，从而塑造出一个生机蓬勃的体育教学物理环境。

2. 安全卫生策略

在塑造体育教学环境时，还要严格遵循安全卫生的策略，管理人员要想方设法达到安全置于首位、整体卫生的要求，尽可能地减少危及学生身体健康的问题。塑造体育教学环境需要注意以下两方面的要求。

（1）每天要做好必要的体育场地与设施的检查与清理工作，杜绝各类隐患，例如，全面清理体育教学场所的砖头和石块，通过多方面措施和手段保证学生的运动安全和身体健康。

（2）在上体育课时，设计、编排、变换以及调动队列队形应当耐心细致地做好安全方面的工作。如投掷项目的教学练习，体育教师应当安排所有学生朝同一方向站立，而不应安排面对面站立的队形。这样能保证运动中的安全。

在以往的教学环境下，很多学校的操场都存在着很多噪音和污染。要想确保体育教学物理环境建设的合理性，首先就要把卫生问题考虑在内，全面排查卫生隐患。例如，学校应当确保体育教学场所以及体育教学设施洁净无尘，定时对游泳池进行换水和消毒。除此之外，体育教学自然环境的选择与建设还要避开空气污染、水污染、噪音污染等，如此才能构建一个安全的体育教学物理环境。

3. 突出特色策略

体育教学的物理环境的塑造还要突出一定的特色，这一特色主要能体现出当地的风俗或习惯等。通常来说，当学校所处地域以及当前条件有差异时，环境条件上难免会表现出或多或少的不同，最终对高校体育教学物理环境的数量、质量、类型产生作用。就体育教学物理环境而言，任何一个学校都有自己的长处和不足，需要一分为二地看问题。如在经济发展较为落后的地区，学校的体育基础设施建设也相对落后，体育教学设施严重不足，但这些地区学校又通常拥有十分丰富的自然资源，因此可以本着突出策略的基本原则，充分利用当地的自然资源搞好教学物理环境建设。

总之，如果学校教育部门能够按照本校的体育教学环境、现有经济水平等建设体育教学物理环境，就可以大大加快体育教学环境建设的速度。

第八章 体质健康视角下体育教学环境的创设与发展

例如,对于有池塘和湖泊的高校来说,应当针对此展开设计和优化;针对我国北方冬季持续时间长的气候特点,北方的高校可以考虑适当增加室内体育场所的数量或者设计与优化"冰雪"。任何一所高校都应当采取多种方式设计、挖掘、塑造出独特的体育教学物理环境。

4. 筛选提炼策略

筛选提炼策略是指调节与控制体育教学环境时,有必要对各个方面的信息进行选择、加工、提炼,由此对各个方面的信息实施最大化控制,推动体育教学信息产生的正面作用达到最大化,更加高效地服务于广大学生的身体发展和心理发展。

伴随着时代的发展和进步,当今社会进入一个信息化社会,各种信息技术得到了充分的利用。广播、电视、图书、报刊等大众传播媒体以及计算机网络,这些信息源都对体育教学活动产生了不可忽视的影响。例如,高校学生对 NBA 球星的钦佩和追捧,对学生在体育教学内容方面的态度、兴趣、情感都有潜移默化的作用。但是,并不能保证学生在大众传播媒体以及计算机网络中获取的信息是正确积极的,其中不乏有一些负面信息,这些负面信息往往不利于组织和开展体育教学活动。一般情况下,因为很多学生无法正确分辨正面信息与负面信息,所以体育教师有必要合理筛选并排除来自各个方面的信息,由此从根本上改善高校体育教学课的教学成效。当体育教师为学生筛选与提供正面信息后,也有必要选用最恰当的教学手段指导学生准确辨别并处理各个方面的信息,设法使学生抵制负面信息的水平得到大幅度提升。

5. 变通调适策略

在具体的体育教学实践中,对体育教学环境的改造还要把握变通调适的基本策略,一般来说,学校和教师应当通过变通或调适来更好地服务于体育教学质量以及学生的身心健康发展。

通常情况下,体育教学的自然环境是很难改变的。如在雨雪天气是无法开展室外体育教学活动的,只能在室内上理论课,因此这就需要做好及时的变通。除此之外,班级教学规模也是一个很难改变的要素,为实现提高体育教学质量的目标,变通的方法也适用于这种情况。例如,实行分组教学、全年级统一编班上课等方式就是为了适应学校体育教学的要求而做出的变通方法。由此可见,采取变通调适的策略有利于体育教学环境的建设。

（二）体育教学心理环境的塑造策略

与体育教学物理环境相比,体育教学心理环境的内容更为复杂和多样,在短时间内获得理想成效的可能性比较小。为了促进高校体育教学心理环境的建设,可以采取以下策略。

1.建立正确的舆论与规范

通常来说,在一定的群体性压力之下,高校学生的心理和行为会相应地发生一定的变化。当出现群体压力时,部分人有可能会否定自己的观点,在此基础上采取和绝大多数人一致的行为,即从众。舆论和规范是一把双刃剑,正确的舆论和规范往往可以对个体形成正面作用并使其做出正面行为,反之会对个体形成负面作用并使其做出负面行为。

因此,塑造一个良好的体育教学心理环境是非常重要的,而要想实现这一目标,就要在班级形成正确的舆论与规范,可以采取以下两方面的策略。

一方面,体育教师要尽最大可能争取到绝大部分成员的意见,群体舆论、规范和成员的个人价值保持一致。

另一方面,作为一名体育教师,应当把群体舆论和规范与社会规范的一致性兼顾在内,确保全体学生均有能力妥善处理自己和群体之间的关系。在体育教学活动中,体育教师要有意识地结合体育教学内容的特征,正面引导与培养班级舆论和规范。

2.形成和谐的人际关系

构建和谐的师生关系对于体育教学心理环境的建设具有重要的推动作用。在具体的体育教学活动中,学生学习与掌握知识和技能从行为上和教师产生一定的共鸣,由此激发学生学习的动力,同时构建良好的人际关系。在体育教学中形成良好的人际关系需要注意以下几个方面。

（1）真诚

在体育教学中,体育教师要采取各种手段与措施感染并激励学生,确保整个体育教学过程充满真诚。体育教师的言行举止都应当发自内心,避免做作和矫情。

（2）挚爱

挚爱是师生关系融洽的基础。在具体的体育教学中,体育教师应当热爱和尊重学生,恰当地处理好与学生之间的关系。

第八章　体质健康视角下体育教学环境的创设与发展

（3）尊重

在具体的体育教学中,体育教师应当尊重每一名学生的人格,始终坚信学生能够成才,获得好的发展。除此之外,还要保护学生的自尊心,对学生循循善诱,按部就班地展开教学活动。

（4）平等

在体育教学中,体育教师还要平等地对待每一名学生,通常情况下,以鼓励和表扬为主,全面激发学生学习的积极性。

需要补充的是,体育教师也有必要引导与鼓励学生积极沟通、相互协作,同时选用最有效的教学组织形式营造良好的教学氛围。

3. 加强体育课堂教学管理

大量的实践与事实表明,一个轻松愉快的体育课堂能对学生产生极为积极的影响。在良好的教学氛围下,学生能获得健康的发展。在具体的体育教学中,倘若体育教师能够在很长时间内都贯彻课堂常规且以身作则,那么将会对学生的体育态度、体育行为、思想品质产生巨大作用,甚至会影响学生的一生。改善课堂教学管理一定要把最基本的行为规范当成开端,整个教学过程要按照既定的规范按部就班地进行。

由此可见,在具体的体育教学中,体育教师应当从小事着手,采取多元化手段发挥体育骨干的作用,由此促使学生逐步达到自我管理的要求,提高学生的自我约束水平,这对于学生自觉参与体育运动锻炼的意识的提高也具有重要的帮助。

4. 营造和谐、愉快的体育课堂氛围

大量的实践表明,营造良好的体育课堂氛围也是塑造体育教学心理环境的一个重要策略。学生在体育方面的兴趣、爱好、动机等往往都是在特定体育课堂情景与氛围中产生的,当良好体育课堂氛围形成后就会具备极强的感染力,推动学生不断前进。由此可见,营造良好的体育课堂氛围非常重要,需要引起高度重视。

（1）体育教师要在体育教学过程中采取各种手段与措施帮助学生逐步形成主动参与体育学习的态度与习惯,营造一个良好的课堂教学氛围。

（2）体育教师要充分利用好教学即时情境,塑造良好的体育课堂氛围,促使课堂教学的环境质量得到大幅度提升,还要妥善处理好教学过程中产生的消极偶发事件,降低这些事件的干扰程度。

（3）体育教师还要把体育教学活动中的人际情感交流置于重要位置,使师生之间形成情感共鸣。在体育教学活动中,教师应当及时向学生提供关爱和帮助,充分激发学生学习的积极性,从而形成一个良好的情感

氛围。

（4）在具体的体育教学中，体育教师还应尝试转变自己原本的角色，彻底改变以往那种"我讲你听，我说你做"的角色，创造一个民主的课堂氛围。在这样的课堂教学氛围下，学生才能积极主动地参与学习，提高学习的效果。

5. 善于处理突发事件

与一般的教学不同，体育教学是以身体练习为主的形式，在具体的活动中通常会发生一些突发事件，突发事件是指在开展体育教学活动的过程中教师未料到突然发生的事情，如学生在课堂上打架等，这些突发事件在体育教学过程中时有发生，倘若体育教师没有及时、有效地处理则不利于教学活动的顺利开展。而教师如果能够及时、有效地处理这些突发事件，就有利于教学活动的开展，有利于体育教学心理环境的优化与发展。

在处理各项突发事件时，体育教师要保持冷静，选择并运用最恰当的方式，尽可能将突发事件的负面作用控制到最小。与此同时，教师处理突发事件时难免需要对学生实施适度责罚，这时就要摆事实、讲道理、以理服人。

6. 充分发挥榜样和典型的作用

体育教学心理环境的塑造，体育教师在其中扮演着十分重要的作用。体育教师要充分发挥榜样的作用，榜样主要是指体育教师的个人魅力以及学生之间真实存在的人和事。

在具体的体育教学中，体育教师应当积极运用自身的个性品质以及教学风格塑造积极向上的班集体氛围。由于体育教师属于教学心理气氛的重要渲染者，同时良好的体育课堂氛围主要源自体育教师以身作则，因此体育教师对学生提出的要求，首先要自己先做到，这样能为学生起到良好的示范作用，带动学生积极投入到学习之中。另外，在具体的体育教学中，体育教师还要培养学生积极的个性行为，这一方面非常重要，要引起高度重视。

第三节　体质健康视角下体育教学环境创设的案例分析

体育教学环境创设成功案例有很多，很多学校均在这方面取得了很大的进步，这里仅针对体育教学中"锻炼走廊""快乐体育园地"这两个案例进行分析，这两个案例都是建立在体质健康视角之下的，有利于促进

第八章 体质健康视角下体育教学环境的创设与发展

学生的身心健康发展。

一、"体能锻炼走廊"——高校体育锻炼环境设计

（一）"体能锻炼走廊"环境分析

北京航空航天大学参照国家体育总局群众体育司推广实行的"全民健身路径"创设了特色鲜明的"体能锻炼走廊"，充分结合了本校实际和学生身体素质的特点。这个案例值得所有高校借鉴。

北航体能锻炼走廊又称"TD 线"，TD 即是"体能锻炼"的缩写，是北京航空航天大学为提高本校学生的身体素质，促进学生体育锻炼而发明的体育锻炼项目，长约 180 米。

"体能锻炼走廊"是一种组合障碍的跑道，学生在练习过程中，通过不断提高翻越障碍的速度，从而达到锻炼身体，发展体能的目的。在走廊中，一共有多种障碍，难度不一，对于大学生来说具有一定的挑战性，学生就像闯关游戏一样身体力行地去经过每一个关卡，直至最后的胜利。"体能锻炼走廊"的挑战项目有水泥板墙 A、肋木障碍、组合双杠、V 字匀坡、组合云梯、独木桥和梅花桩、跳跃水池、水泥板墙 B、钻洞板墙、跳上跳下台。

"体能锻炼走廊"既可以作为体育教学场所和设施，也可以用于学生的早操和课外体育锻炼。实践证明，"体能锻炼走廊"确实发挥了综合性的作用和功能，对加强学生的体育锻炼，增强学生的体质起到了非常好的效果，使北京航空航天大学学生的体育达标率达到了 98% 以上。

（二）"体能锻炼走廊"点评

"体能锻炼走廊"有两个思路值得推崇。第一，体育教学场所和设施的设计体现出当代学生的特点，要以促进学生健康成长为根本目的；第二，设计大型体育教学场所和设施时，考虑锻炼功能的多样性，能够为学校开展包括体育在内的各种教育活动提供良好的物质环境。

二、"快乐体育园地"——课外体育锻炼环境设计

（一）"快乐体育园地"环境分析

伴随着学校教育的不断发展，"快乐体育园地"的体育设施在我国中

小学蓬勃发展。它以快乐体育为指导思想,让学校根据各自的条件,充分利用校园内的各种空间,包括一些边角地带等合理安装和设置各种各样的体育器材和设施。"快乐体育园地"的器材设施虽然简单,但因为加入了"快乐"的元素,体现出很强的趣味性和娱乐性。所以,对学生往往能产生极大的吸引力,常常在"快乐体育园地"里流连忘返,百玩不厌,忘记时间。

(二)"快乐体育园地"点评

"快乐体育园地"集中的特点就是"快乐",能让学生产生"真有意思""我愿意尝试"的感觉。以快乐为主题核心构建的各种体育设施和器材,紧紧抓住了青少年好奇感、新鲜感的心理和爱玩的天性。另外,"快乐体育园地"的建设还体现了因地制宜、实用经济的理念,对现阶段我国学校体育教学环境的设计和优化具有重要的指导意义,值得大力提倡和推广。

第九章 体质健康视角下促进学生体能发展的课程与方法设计——案例分析

增强学生体质是体育教学的首要目标,不同体育运动项目在锻炼学生体能、增强学生体质方面有不同的功能与价值。为了全面提高学生的体能素质,在体育教学中要设置丰富的运动项目,而各个项目教学内容与方法的设计与选用又直接影响增强学生体质的教学目标的实现程度,因此在体质健康视角下必须规范各运动项目课程的教学内容与方法设计,以有效促进学生体能发展。本章主要选取学校普遍开设的田径、健美操、球类运动、瑜伽等体育课程来分析与研究促进学生体能发展的课程与方法设计。

第一节 田径课程促进学生体能发展的内容与方法

一、田径课程教学内容构建

(一)明确体育课程标准的理念及田径类运动课程目标

体育课程标准的新理念如下。
第一,在"健康第一"思想的指导下培养学生健康的体质。
第二,对学生的体育兴趣进行培养,促进其终身体育意识的形成。
第三,以学生为中心,对学生的主体性给予重视与尊重。
第四,对不同学生的需求与相互之间的差异予以关注,确保所有学生在体育教学中有所成长与进步。

以上理念是田径课程设置及课程内容构建的重要指导思想,指引着体育教育工作者科学构建田径类课程内容。

田径类运动课程目标在体育课程标准中也被明确指出,即让学生在田径课中掌握田径基础知识;了解田径的健康促进价值,熟练跑、跳、投等田径技能。田径运动的健康价值,尤其是对学生体能和体质的促进意义在田径运动课程目标中得到充分体现,田径类课程目标对课程内容的构建具有重要指引价值。

(二)对健康、竞技和兴趣的关系予以正确处理

体育运动本身就具有竞技性特征,科学参与竞技运动锻炼对人体健康具有重要促进意义,因此选择具有适度竞技性的田径课程内容很有必要,所选内容的竞技程度一定程度上代表了课程内容的难易度,不同难易程度的竞技性课程内容能够将田径运动的健康性价值体现出来。

学生体质健康和终身体育意识是现代体育教育关注的重点,要提高学生体质健康水平,培养学生的终身体育意识,就应该既树立体质教育思想,又树立竞技体育思想,前者提供了重要的体质保障,后者提供了科学的运动方式。尽管关于健康、兴趣及竞技的内涵及相互关系在不同体育思想中有不同的见解,但基本上所有体育思想都对三者及相互关系给予了较高的重视,只是不同体育思想有不同的侧重点。所以,对田径运动课程内容进行构建时,要对不同体育思想的特点及实质层面的联系有深入的理解,对健康、兴趣以及竞技至今的关系要用辩证的眼光去看待,从而构建出更科学合理和与实际切合的田径课程内容。

(三)对田径运动课程内容进行科学开发

选择教学内容要考虑能否达成教学目标,教学目标能否发挥统领作用,因此说,可操作性、实效性是选择与构建教学内容时需要重点考虑的两个特性。在体育与健康课程标准精神的指导下构建田径运动课程内容的基本思路如图9-1所示。科学开发田径类运动课程,选取健身性、竞技性、兴趣性田径类课程内容,开发融健康、竞技、兴趣于一体的课程内容,授课形式与学生心理特点相符,要能将学生的学习兴趣激发出来,最终提高学生的健康水平和基础运动能力。

第九章 体质健康视角下促进学生体能发展的课程与方法设计——案例分析

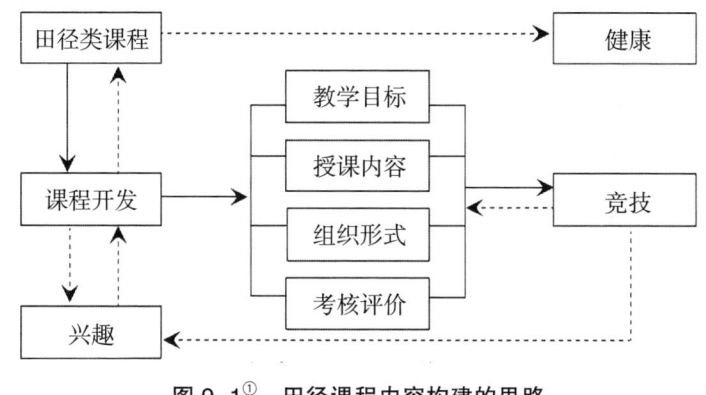

图 9-1[①]　田径课程内容构建的思路

二、田径课程教学方法设计

(一)设计理念

设计田径课程教学方法,要遵循下面两个理念。

1. 健康第一

田径运动是基础运动,对提升学生健康水平和基础运动能力具有重要意义。在田径课程教学方法的设计与选用中要树立健康第一的理念,将田径的健身价值充分发挥出来,使学生通过学习田径知识与技能,体质得到改善,运动能力得到提升,终身体育意识得以形成。

2. 培养兴趣

传统、落后、单一的教学方法限制了对学生学习热情的激发与学习兴趣的培养。传统田径教学以跑步、口令训练为主,学生学习兴趣低下,学习效果不理想。对此,在田径教学新方法的设计中要重视对学生兴趣的培养,采取学生感兴趣的教学方法和教学形式,使学生在积极学习中养成好学、乐学的习惯,从而有效改善体质,树立科学的健康观和运动观。

(二)具体方法设计

1. 学习目标教学法

田径授课教师在每节课开始先明确提出本节课的教学内容和教学目

[①] 韩晓燕,王群龙,魏文.关于田径类课程内容构建的思考[J].教育与职业,2013(09):125-127.

标,然后让学生确定自己要达到的学习目标,目标的确定要从自身实际情况出发,不能盲目,在目标引领下学生的学习积极性会提高,从而努力达到自己的预期目标。

2. 自主探究教学法

教师将学生划分为若干学习小组,各小组成员自主学习、思考,教师引导学生积极探索,帮助学生解答疑惑,使学生在自主学习中提升体质和掌握走、跳、投的方法与技巧。

3. 增强自信教学法

对于缺乏自信的学生,教师要从学生实际情况出发制定适宜的学习目标,学生自己也参与目标制定,教师要鼓励学生,指导学生学习,多关注缺乏自信的学生,使其努力达到目标,增强自信心,提高身心健康水平。

4. 游戏、竞赛教学法

田径教师以比赛或游戏的形式组织实施教学内容,活跃课堂氛围,使学生在欢快的氛围中增强体质,掌握田径运动技巧,这是促进学生学习积极性提升和促进课堂教学效率提高的重要方法。例如,在跑类项目教学中设计接力跑、障碍跑等比赛,在投掷类项目教学中设计投远、投准游戏或比赛。

5. 合作学习法

在田径课程教学中根据教学内容的特点和学生的学习能力进行分组合作学习,小组成员沟通交流、互帮互助,共同完成小组学习目标,这有助于对学生合作精神的培养,能够促进学生协作能力的提升。

三、促进学生体能发展的田径锻炼方法指导

下面简要分析背越式跳高和掷标枪的锻炼方法。

(一)背越式跳高锻炼指导

1. 助跑

背越式跳高中,助跑前段一般为直线,后段为弧线(跑四步)(图9-2),弧线末段与横杆之间形成20°—35°的夹角(图9-3)。

第九章 体质健康视角下促进学生体能发展的课程与方法设计——案例分析

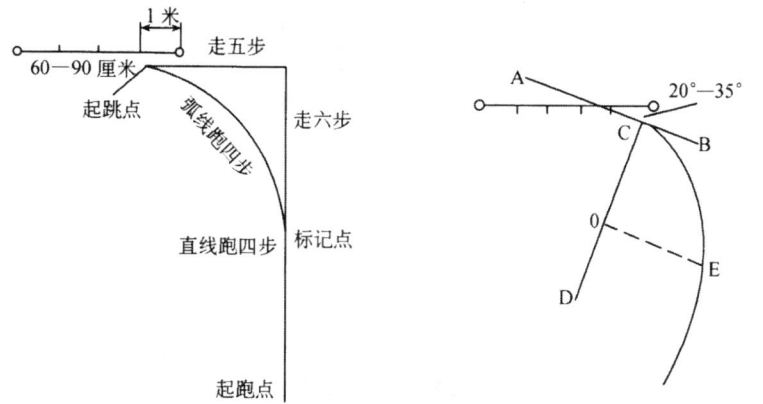

图 9-2　背越式跳高助跑①　　　图 9-3　背越式跳高助跑②

2. 起跳

一般左腿起跳,髋、膝、踝关节充分有力地蹬伸,立腰,身体转为垂直,提肩摆臂,摆动腿的膝关节内扣,转体背对横杆(图 9-4)。

图 9-4　背越式跳高起跳动作

3. 过杆与落地

头、肩越过横杆后,头及时后仰、肩向下倒、挺髋提臀,两膝放松,身体保持反弓形。臀部越过杆后,小腿快速向上提,低头收腹,身体自然下落,肩背先落在垫子上(图 9-5)。

(二)掷标枪锻炼指导

1. 握法

掷标枪时,有两种握枪方法,如图 9-6 中左边的现代式握法和右边的普通式握法。

图 9-5 背越式跳高过杆与落地动作

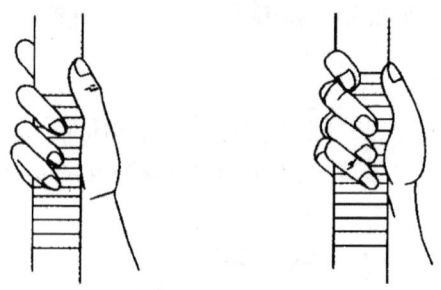

图 9-6 标枪握法

2. 持枪

右手持枪举于右肩上方,投掷臂放松,枪尖比枪尾稍低,枪身也可平行于地面(图 9-7)。

图 9-7 持枪

3. 助跑

一般要根据投掷速度来决定助跑距离,一般助跑 25—35 米,助跑分预跑和投掷步两个阶段。

4. 最后用力和缓冲

投掷步结束后,身体成"满弓"姿势。左腿屈膝并迅速有弹性地蹬伸,

第九章 体质健康视角下促进学生体能发展的课程与方法设计——案例分析

同时挺胸前送,小臂向前"鞭打",通过手臂和手指将全身的力施加在标枪纵轴上。

投出标枪后,右脚向前跨一大步,身体稍向左转,身体重心降低以保持平衡状态(图9-8)。

图9-8 掷标枪的最后用力与缓冲动作

第二节 健美操课程促进学生体能发展的内容与方法

一、健美操课程教学内容设置

设置健美操课程教学内容,要考虑学校健美操运动的发展需要和健美操课程目标,同时要将健美操运动的健身性、时代性、实用性充分彰显出来,使学生通过学习健美操课程有效锻炼身体,塑造良好身体形态,提高心理健康水平和社会适应能力。

具体来说,在健美操课程教学内容设置中要注意以下几个要点。

(一)基础性内容保持不变

健美操基本步伐、手臂与躯干动作、基本动作组合等是健美操运动的基本组成部分,也都是健美操课程最基本的教学内容,对这些基础性教学内容的学习与掌握能够为之后学习健美操成套动作奠定基础,因为健美操成套动作是以一个个基本动作为单位组合而成的,因此学习健美操基础性动作非常有必要。在健美操课程内容设置中要保留这部分内容不变,在此基础上加入更多丰富的对学生体能发展有益的内容。

(二)设置力量锻炼内容

人的基本身体姿态是展现气质的重要载体,而要形成与保持优美健康的身体姿态,就要有良好的力量素质,力量是非常重要的基础条件。而且在人的体能组成中,力量素质是最基础的内容。健美操动作的力度、控制力和弹性等和其他运动项目有区别,这是健美操运动独特性的体现,这就要求在健美操教学中将力量素质的培养重视起来。使学生通过一般和专项力量训练,促进体型的改善、肌肉力量与弹性的增加,并能稳定完成健美操组合动作与成套动作,在完成过程中控制好身体姿态,使动作更优美、规范,这样就能将融健、力、美于一体的健美操动作内涵充分展现出来。

在健美操课程教学内容中增设力量训练内容,组织学生进行徒手力量训练和轻器械力量训练,促进学生肌肉力量的增强,使学生形成挺拔的身体姿态,并能更有力度地完成健美操动作。

(三)设置形体训练内容

传统健美操教学中,健美操基础动作、成套动作是教学内容的主体,但长期进行这些单一的教学,难免会使学生感到枯燥,因此要突破传统模式,强调全面学习,拓展教学内容,增设形体训练类教学内容,这也是为了更好地锻炼学生的体能和身体形态。

形体训练既能培养学生的外在美,又能培养学生的审美情操与审美能力,使学生达到外在美与内在美的统一。形体训练教学内容也能满足学生追求自然美的心理需要,使学生通过形体训练塑造优美形体。形体训练可以徒手进行,也可以采用轻器械进行,长期坚持练习,身体形态能够向健康又优美的方向转变,也能使身体更灵活,更有力量感,也更有表现力,同时能够凸显气质。

形体训练对学生学习健美操也有帮助,主要表现为更好地控制动作,动作更有力、更协调、更优美,提高动作的准确性、规范性和艺术表现力,整体提高动作质量,提高学练效果,提高学生健康水平。

(四)将时尚元素融入教学内容体系中

作为一项时尚新兴体育运动项目,健美操运动发展迅速,有强烈的时

第九章 体质健康视角下促进学生体能发展的课程与方法设计——案例分析

代感。在基础健美操的基础上,啦啦操、拉丁健美操、街舞健美操等风格各异的时尚健美操项目逐渐衍生而成。学校健美操教学要与时代接轨,要将时尚新鲜的元素融入健美操教学系统中,增设时尚类健美操内容,将其与健美操基础内容结合起来进行教学,并不断丰富教学组织形式和教学方法,培养学生的参与兴趣,使学生通过学习这些时尚新颖、动作热情有力、节奏感鲜明且感染力极强的健美操项目,将自身朝气蓬勃、健康向上的一面充分展现出来。

二、健美操课程教学方法探索

在健美操课程教学中,要不断探索新的教学方法,以提高健美操教学效果,使学生通过学习健美操课程在身心健康、体型体态、社交能力、审美素养等多方面都获得最大化的改善与提高。关于健美操课程教学方法的探索,下面提出几条建议。

（一）加强乐感的培养

音乐是健美操运动不可缺少的重要组成部分,健美操的鲜明特点及强大的生命力与其音乐元素必不可分,音乐与动作的结合使健美操魅力十足。因此在健美操教学中要注重培养学生的乐感,使学生学习健美操音乐,熟悉律动,提高音乐感知力,这能够促进学生动作节奏感和表现力的提升,进而促进学生健美操运动技能的增强,学生的健美操动作越准确、规范,技能越强,健身效果就越好,越有利于身心健康。

在健美操教学中,要将动作练习与乐感的培养充分结合起来,没有音乐的健美操动作是没有灵魂的,离开健美操动作,音乐的重要性也无法体现出来。因此,要在教学实践中将音乐素养的培养充分融入动作教学中,使学生对动作节拍有准确的把握,完成标准的健美操动作,提高技能水平和体能锻炼水平。

（二）注重文化教学

学生对健美操运动的兴趣直接影响学习效率、学习成果以及学习目标的达成情况,学生能否积极参与健美操学练,通过长期坚持练习来增强体能素质,这在一定程度上取决于其是否对健美操运动感兴趣。因此培养学生的兴趣很关键,而健美操文化教学是培养学生对健美操课程学习兴趣的重要教学方式,学生了解健美操文化知识,对健美操运动有了基本认识与了解后,学习兴趣会逐渐产生。

在健美操课堂上,教师可以将健美操重要赛事介绍给学生,或者直接播放精彩的健美操比赛视频,使学生对健美操比赛规则、裁判方法、比赛技巧有初步的了解,并认识到团队协作的重要性。通过学习与掌握这些文化内容,学生对于健美操运动的态度从好奇慢慢转变为兴趣,最后在一定动机的驱使下上升为学习的热情,这对于提高学习效率、达成体质健康目标具有重要意义。

(三)将多媒体手段运用到健美操课堂中

很多学生之前并未接触过健美操,只是知道有这项运动,但没有真正了解过。为了让学生清楚地认识健美操,了解健美操,可将多媒体教学手段运用到健美操课堂中。通过放映健美操视频,重复播放,让学生认真观察,积极模仿,从而简单认识健美操动作。为学生播放健美操视频,供学生观看与欣赏,还能对学生的审美能力进行培养,使学生对健美操运动的魅力有切实的体会。播放完整的健美操视频后,可以播放健美操分解动作的动态图片或小视频,使学生对健美操步伐、手臂动作、躯干动作及面部表情、音乐节奏等一一了解,这样便于学生在大脑中形成抽象概念,为正式学练中利用这部分记忆来辅助学习,逐步掌握健美操基础动作。

在学生正式进入学练阶段后,教师根据学生的学习情况有选择地播放重难点动作视频或图片,并引导学生观看细节,掌握技巧。一般要由易到难、由简单到复杂地分解动作,播放单个动作图片也是如此,以便适应学生的认知能力和学习能力,逐步加深学生的记忆。但最终还要将各个分解动作组合起来,以保证学生学习健美操动作的连贯性。

三、促进学生体能发展的健美操锻炼方法指导

下面主要分析初级健美操组合动作锻炼方法。

(一)第一个八拍

1. 步伐

1—2拍右脚向右并步,3—4拍左脚向左并步,5—8拍同1—4拍。

2. 手臂

1、3、5、7拍体前屈臂侧举,2、4、6、8拍双臂收回放在体侧。

3. 手型

自然手型。

4. 面向

1点。

(二) 第二个八拍

1. 步伐

1—4拍一字步,5—8拍V字步。

2. 手臂

1—4拍两臂屈肘前举,大小臂垂直,5拍右臂向右上方举起,6拍左臂向左上方举起,7—8拍双手十指交叉放在胸前,8拍还原。

3. 手型

1—4拍拳,拳心朝后,5—8拍开掌。

4. 面向

1点。

(三) 第三个八拍

1. 步伐

1—2拍右腿向后踢,3—4拍动作同1—2拍,方向相反,5—6拍右脚跟前点,7—8拍与5—6拍动作相同,方向相反。

2. 手臂

1—4拍手臂弯曲自然摆动,5—7拍立掌,从胸前向前推出手掌,8拍手臂自然落在体侧。

3. 手型

1—4拍拳,5—8拍立掌。

4. 面向

1点。

（四）第四个八拍

1. 步伐

1—8拍连续4个开合跳。

2. 手臂

1拍两臂在胸前上下打开，2拍与1拍相反，3—4拍重复1—2拍；5、7拍双臂侧平举，6、8拍双臂自然落下。

3. 手型

并掌。

4. 面向

1点。

第三节　球类运动课程促进学生体能发展的内容与方法

一、球类运动课程教学内容的现状与优化

（一）球类课程教学内容的现状与问题

当前，我国球类运动课程教学内容存在下列几方面的问题。

第一，球类课程内容多且复杂，重点模糊，普遍存在内容重复的现象，不便于教师整理与选用。

第二，为了保持教材的系统性，一些球类项目的多个技术被设置为独立的章节或分布在独立的模块中，这不利于衔接各项技术，影响了学生对球类运动技术的整体认知与学习。

第三，教材内容陈旧，关于一些技术和战术的描述没有随着项目的发展而更新，教材内容没有将球类运动的发展新动态和新形势体现出来，对一些前沿性研究成果的描述也很简单，整体而言教材内容不够新。

第四，教材内容过于系统化和程序化，虽然为有序教学提供了方便，但是偏模式化和套路化，忽视了对相关教学内容的有机组合与连贯衔接，缺乏创造性和灵活转化的可能性。

（二）球类课程教学内容的改革与优化

对球类课程教学内容进行调整,优化现有内容体系,有助于充分发挥球类运动促进学生体能发展的健康价值。调整与改革球类运动教材内容需要经过一个循序渐进的过程,要与球类运动的发展趋势结合起来,体现出教材的时代性,同时也要考虑学校的教育条件和学生的实际情况。球类课程教学内容调整与优化的思路如下。

1. 择优选用

改革与优化球类运动教学内容,要遵循择优选用的原则,所选内容要能够将球类运动的本质体现出来,要与学生现实情况和需要相符,要有实用价值,要对学生健康成长有利。

2. 归纳

为了突显球类运动教材内容的针对性和相关内容的联系性,要做好对教材内容的归纳整理,具体包括以下两方面。

（1）归类合并性质与作用相近的同类内容。

（2）在教学内容的实施中恰当整合联系密切的内容,可以纵向组合,也可以横向组合。

3. 创新

在球类教材中引进具有时代性和前沿性的新内容,如软式排球、三人制篮球等,结合学校教学条件和学生实际情况对新内容进行调整,可以调整形式,也可以调整难度,突出教材的现代化,提升学生的学习兴趣。

二、球类运动课程教学新方法及应用

为了提高球类课的教学质量,使学生在轻松环境下更快、更好地掌握技术技能和提高身体素质,应采用新颖有效的练习方法,使原本枯燥无味的运动练习变得生动有趣,使学生提高上球类课的兴趣,从而积极主动地去学习运动技能,达到良好的教学效果。

（一）成功教学法

要提高学生参与活动的兴趣,就必须设法使他们获得成功。在球类教学中,教师要积极地肯定学生,使他们处处都能够感受到自己的成功。

任何一种体育活动都是有目的的行动。因此,在球类教学中可设置一些学习目标来激发学生的兴致,使其在成功完成学习任务以后产生成就感。例如,学生初学排球时,发出的球经常会不上旋,垫球老是垫飞;学习足球时,垫球次数寥寥无几。这自然会影响学生学习的自信心。对此,教师要多鼓励学生,增强其自信心,指导学生从基础做起,待其获得成就感后逐渐提高要求和加大难度,树立明确的学习目标,激励学生不断挑战自我,从而使学生在自觉练习阶段能运用已学到的知识去分析和解决学习中遇到的实际问题。[1]

（二）比赛教学法

比赛教学法是指在比赛条件下,按统一的比赛规则,以最大强度来完成练习。其具有鲜明的竞争性,能使学生在紧张状态下,注意力高度集中,最大程度地发挥实力,调动学生的主动性和积极性,挖掘学生的潜力,这不但有利于培养学生坚毅勇敢、顽强不屈的意志品质和团结协作的集体主义精神,而且有利于培养学生的组织领导能力,促进学生全面发展。球类教学的比赛要具有简易性。比如,在篮球教学中,刚开始可以组织"运球接力比赛",学生运球技术和投篮技术提高后,可以举行"运球投篮接力比赛"。[2]

在球类教学中,应根据学生的技术掌握程度来确定运用比赛法的时机。当学生技术水平处于低级阶段时,如果安排规则比较系统的比赛,则不利于调动学生积极参与。随着学生运动技术水平的逐渐提高,可举行正规比赛,这样既可满足学生参与比赛的愿望,又能将理论教学融于比赛实践中,从而获得良好的教学效果。

（三）游戏教学法

体育游戏与球类教学有着密切的联系。体育游戏以身体联系为基本手段,以增强体质、娱乐身心、陶冶情操为目的,是一种有意识的、创造性的体育活动。在球类教学中合理运用体育游戏可促进学生学习积极性的提升。

例如,在排球技术技能教学中,可采用"鲤鱼跳龙门""越网传球"等游戏;在篮球技术教学中,可设计"传球砸人""三角传球"等游戏;在乒

---

[1] 董建平.对球类课程教材教法的探讨[J].北京体育大学学报,2006（02）：229-230.
[2] 同上.

乒球教学中,可设计"连续坐庄"等游戏。

三、促进学生体能发展的球类运动锻炼方法指导——以篮球健身技术为例

（一）移动

1. 起动

重心降低,上身前倾,屈肘快速摆臂起动。前两步短促而快速,重心慢慢前移,上体抬起。

2. 跑

以变向跑为例,从右变向左侧时,最后一步时,右脚前脚掌内侧用力蹬地,脚尖内扣,右腿迅速屈膝,上体同时左转并前倾,重心左移,左脚迅速前进。

3. 跳

以双脚跳为例,两脚开立,屈膝重心降低。两脚用力蹬地,两臂上摆,身体腾起,保持平衡。落地时,屈膝缓冲。

（二）传球

以双手胸前传球为例。

双手于胸腹间持球,屈肘,目视传球方向,做好准备。传球时,后脚发力蹬地,上体前倾,两臂伸向目标方向,拇指用力下压,食指、中指发力迅速拨球,给队友传球（图 9-9）。

图 9-9 双手胸前传球

（三）接球

以右手单手接球为例。

右脚迈向来球方向，右臂稍屈肘，五指自然分开并伸向迎球方向，左脚迈一步。手指触球后，手臂顺势后撤，收肩，上体向右后方稍转，将球握于胸前成双手持球(图9-10)。

图 9-10　单手接球

（四）运球

1. 高运球

两腿微屈，上体稍前倾，目视运球方向，前臂自然伸屈，手腕与手指柔和而有力按拍球的后上方，使球反弹后在胸腹高度，注意手脚协调配合(图9-11)。

图 9-11　高运球

2. 低运球

两腿屈膝下蹲，上体前倾，在体侧拍球，使球反弹后位于膝关节处，利用上体和腿将球保护好(图9-12)。

第九章 体质健康视角下促进学生体能发展的课程与方法设计——案例分析

图 9-12 低运球

3. 转身运球

当对手右路堵截时,迅速上左脚,微屈膝,重心移至左脚,以左脚前脚掌为轴向后转身,右手将球拉至身体的后侧方,并按拍球落在身体的外侧方,然后换左手运球,加速超越防守(图 9-13)。

图 9-13 转身运球

(五)防守

以抢球为例。

防守者趁持球者保护球不当或注意力分散时实施抢球计划。要快而狠、果断抢球,控制球后,利用拧、拉和身体扭转力量迅速收球,从而完成夺球动作(图 9-14)。

图 9-14 抢球

（六）投篮

以原地右手单手投篮为例。

两脚开立,屈肘,手腕后仰,掌心朝上,五指分开,左手扶在球的侧面,稍屈膝,上体稍向后倾斜,目视篮点。投篮时,下肢蹬伸,腰腹部伸展,前臂伸直,手腕前屈,食指与中指发力投出球,右臂自然跟进(图 9-15)。

图 9-15 投篮

第四节 瑜伽课程促进学生体能发展的内容与方法

一、瑜伽课程教学内容的分层设计

在健康第一课程理念的指导下设置瑜伽课程内容,解决瑜伽课程教

第九章　体质健康视角下促进学生体能发展的课程与方法设计——案例分析

学内容存在的问题,改善瑜伽教学内容的现状,充分发挥瑜伽运动的育人价值与健身价值。在瑜伽课程教学内容的设计中,要对学生的身心特征进行分析,设置符合学生实际情况和能够满足学生现实需要的课程内容,使学生通过学习瑜伽课程,身心得到发展,需求得到满足。瑜伽运动既有健身性,又有教育性,在课程内容设置中要将这些特性充分体现出来,要有机结合瑜伽理论与实践内容,丰富课程内容,促进课程内容的多样化发展,使课程内容既有深度,又有广度,从而最大化地满足学生的健康和学习需求。

不同性别、不同年龄及不同学习水平的学生对瑜伽课程内容有不同的需求,因此对瑜伽教学内容的设计要体现出多样性、针对性,尽可能使不同学生的需求得到满足,将因材施教的教学原则真正落实到教学实践中。基于对学生身心发展规律及不同水平学生学习需求的考虑,可将瑜伽课程教学内容划分为以下三个不同的等级。

（一）初级课程内容

刚开始接触瑜伽运动的学生因为缺乏基础,所以要先向其介绍一些基础性的理论内容,然后引导学生对正确的瑜伽学习理念予以建立。设置初级课程内容,要由易到难,由单一动作向组合动作过渡,循序渐进增加难度。初级学习阶段主要让学生了解瑜伽基础知识,掌握基本的学习方法。每次课安排75分钟左右。课堂上先组织学生做热身练习,做好充分的准备,然后学习理论与简单动作,最后还要留出放松整理的时间。其实在中间学习部分也要间歇安排放松时间,学生每练完一个体位都要适当放松。准备部分和最后放松整理部分的用时均维持在15分钟左右,其余时间是课堂教学的重点部分。在初级课程内容的编排与设计中,教师还要注意对简单呼吸法的传授,将呼吸法和基本体位法的教学结合起来,在教学中随时观察学生的反应,包括身体发出的信号和精神面貌,判断教学内容与方法是否适合初学者,根据学生的反馈及时调整。

设计初级课程内容可参考如下范例:
介绍瑜伽运动基础知识
↓
介绍上课注意事项
↓
介绍瑜伽坐姿
↓
热身练习

↓

学习5—6个基本体位(如三角伸展式、战士第二式、双角式、树式、脊柱扭转式、挺尸式等)

↓

学习呼吸、冥想

↓

学习腹式呼吸

↓

放松练习[1]

(二)中级课程内容

对于有一定学习基础的学生,可进行中级课程内容教学,在初级课程内容的基础上适当增加动作数量、动作难度,在各个学习单元中合理搭配不同难度的动作,在学习中强调体位与呼吸的结合,对体位动作提出自然自如、舒展流畅的要求,呼吸缓慢、深长。中级课程中的体位动作要有一定的挑战性,使学生结合冥想、呼吸控制来进行体位练习。

设计中级课程内容可参考如下范例:

讲解瑜伽运动理论基础

↓

常用坐姿练习

↓

热身活动

↓

学习6—8个体式(如向太阳致敬式、骆驼式、战士第三式、三角转动式、船式、肩倒立、挺尸式等)

↓

呼吸、冥想练习

↓

调息练习

↓

收束法练习

↓

放松练习

---

[1] 郭雪晴. 石家庄市高校瑜伽课程体系研究 [D]. 吉林体育学院, 2017.

第九章 体质健康视角下促进学生体能发展的课程与方法设计——案例分析

（三）高级课程内容

针对瑜伽学习基础良好，已经比较全面地了解了瑜伽运动，对呼吸、冥想、体位、呼吸控制、多种瑜伽风格已经掌握良好的学生，可实施高级课程内容。高级瑜伽课程教学的目的是培养学生的良好学习习惯，使学生自主完成练习，提高瑜伽技能水平和健康水平。这一阶段多采用语言教学法，示范指导相对较少。

设计高级课程内容可参考如下范例：

呼吸练习
↓
热身活动
↓
练习6—8个体式（如向太阳致敬式、半月式、桥式、下犬式、神猴式、鹤禅式、头倒立式、挺尸式等）
↓
呼吸控制
↓
冥想练习
↓
收束法练习
↓
放松活动

二、瑜伽课程教学方法创新设计

（一）纠错教学法

瑜伽课程中设置了丰富的教学内容，不同体式动作的效用各有不同和侧重，学生只有将每个动作做正确了，做规范了，才能对身心健康产生预期效果。如果体位错误或不规范，就难以充分发挥瑜伽体式动作的功效，难以达到理想的身心健康促进效果。因此，在瑜伽课程教学中，瑜伽教师要深入研究每个动作的标准，明确说明每个动作的规范做法，在学生练习时仔细观察，发现不规范或错误动作后及时指出，帮助改正，使学生准确掌握瑜伽动作，在准确无误的学练中提高健康水平。

（二）分层教学法

不同学生在兴趣爱好、学习基础、身心素质、运动能力等方面都有一些差别，因此一刀切的传统教学方法不适用于瑜伽教学中，只有因材施教，分层教学，才能满足不同学生的需要，促进所有学生的进步，同时这也能起到预防运动损伤的效果。

在瑜伽课程教学中，教师依据学生的柔韧素质水平对其进行分层，一般分为基础层、发展层、培优层三个层次，分别对应的是柔韧性差、柔韧性一般及柔韧性良好的学生。划分层次后针对每个层次学生的特点选取相应的教学内容与方法实施教学，使学生在自己的柔韧条件下将体式动作轻松完成，这样才能达到强身健体、愉悦身心、陶冶情操的效果，同时也能使学生体验成功感，增强学生的自信，使学生不断努力，从基础层向发展成、培优层发展。

（三）赞赏教学法

研究表明，获得外界认可的人有更为活跃的学习思维、更强的学习能力以及更高的学习热情。因此，采用赞赏教学法对提高学生学习瑜伽的兴趣、积极性有很大的帮助。瑜伽教师要采用恰当的语言来表达对学生的肯定与欣赏，多关注自信心不高和学习能力较差的学生，对于这些学生的进步要及时给予肯定，激励他们发挥能动性和创造性，不断进步与发展。

三、促进学生体能发展的瑜伽锻炼方法指导

下面具体分析不同身体部位的瑜伽体式锻炼方法。

（一）肩部瑜伽体式锻炼

1. 肩倒立

平卧在垫子上，双腿上抬直至垂直于地面，提髋，双腿继续向后送，两腿慢慢放低，髋部放平，注意呼吸（图9-16）。

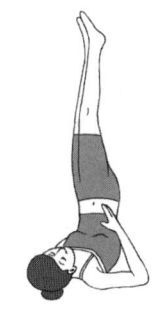

图 9-16　肩倒立

2. 前伸展式

坐在垫子上,两腿伸直,两臂慢慢支撑起身体,充分伸展身体每个部位,重心放在两臂和两脚上,头自然垂下。保持正常呼吸(图 9-17)。

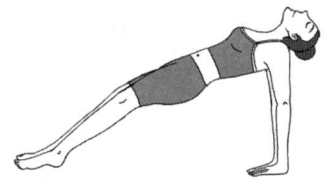

图 9-17　前伸展式

(二)腰部瑜伽体式锻炼

1. 三角伸展式

自然站立,双脚分开,距离稍比肩宽,呼气,向左弯腰,右臂上举,左臂碰触右足踝,头部自然后仰,目视右手。吸气还原(图 9-18)。另一侧重复练习。

图 9-18　三角伸展式

2. 三角转动式

保持基本三角式,深吸气,腿伸直,双脚同时右转,上体随之右转,右臂向上伸直,左手触碰右脚附近的地面。目视右手。吸气慢慢还原(图9-19),另一侧重复练习。

图 9-19　三角转动式

(三)腹部瑜伽体式锻炼

1. 锁腿式

仰卧在垫上,屈右膝,双手十指相交于右小腿胫骨中部;两肘内收,右大腿紧贴腹部,两脚背绷直,吸气准备,呼气时头部、上背部抬起,鼻尖触膝。伸直腿用力下沉贴地,屈膝腿紧贴腹部。患腰椎间盘疾病者不宜练习此式。

2. 船式

仰卧在垫上,吸气准备,呼气时双手、双脚和躯干同时上抬,重心放于坐骨,两臂向前伸直平行于地面,掌心向下,脊柱延伸,背部展平;目视脚尖方向(图9-20)。

图 9-20　船式

第九章　体质健康视角下促进学生体能发展的课程与方法设计——案例分析

3.半舰式

山式坐姿,吸气屈双膝,大腿贴近腹部,以坐骨为支撑点,呼气时收腹、抬起双脚,小腿平行于地面;双手向前伸直,掌心相对,且与小腿平齐,腰背立直;目视前方。

(四)腿部瑜伽体式锻炼

1.腿旋转式

仰卧在垫子上,两腿伸直,两臂在体侧自然放松。左腿上抬,充分伸展,先顺时针绕圈,再逆时针绕圈,各绕8圈左右,头和背始终在垫子上(图9-21)。换腿练习。

图 9-21　腿旋转式

2.蹬车式

仰卧在垫子上,双腿上抬垂直于地面,依次交替屈膝、伸直,向前、向后做动态蹬车运动。腰、背、臀部、双臂,头部贴地,勾脚尖(图9-22)。在练习时,保持自然呼吸。向前蹬出的腿尽量伸直,屈膝腿尽量贴靠腹部。

图 9-22　蹬车式

3.战士一式

两脚分开,约两肩半宽,右脚向右转90°,左脚内收约60°,向右转髋,保持中正;双臂经身体两侧向上抬起至头顶合掌,屈右膝成90°,髋部中正,脊柱向上延展;目视前方(图9-23)。

图9-23 战士一式

参考文献

[1] 任利敏,刘浩,黄珂.新编体育教学论[M].哈尔滨:哈尔滨工业大学出版社,2020.

[2] 潘明.体育教学设计[M].南京:河海大学出版社,2020.

[3] 蔺新茂,毛振明.体育教学内容论[M].北京:北京体育大学出版社,2014.

[4] 李林.体育课程内容资源开发的理论与实践[M].重庆:西南师范大学出版社,2006.

[5] 毛振明.体育教学论(第2版)[M].北京:高等教育出版社,2011.

[6] 吴琼.陕西高校素质教育理论与实践研究[D].西安建筑科技大学,2016.

[7] 张思萌.湖北省中小学素质教育发展研究[D].湖北大学,2018.

[8] 王梦遥,霍楷,赵翀阳.大学素质教育特点与改革创新研究[J].创新创业理论研究与实践,2020,3(19):1-3.

[9] 谭祥列.长期困扰学生体质健康的突出问题以及解决方案[J].教育教学论坛,2020(41):357-358.

[10] 代函芷,许水生.我国高校学生体质健康现状分析[J].文体用品与科技,2020(16):63-64.

[11] 黄敬亭.健康教育学[M].上海:复旦大学出版社,2006.

[12] 张青.论家庭教育与青少年健康成长[J].现代教育科学,2012(12).

[13] 吴旭光.体育·健康促进·安全[M].北京:地震出版社,2007.

[14] 李改新.素质教育在高校体育教学中的应用[J].河南科技,2011(12):29.

[15] 王梅,王晶晶,范超群.体质内涵与健康促进关系研究[J].体育学研究,2018,1(05):23-31.

[16] 李翎.高校体育教学内容资源的开发研究[J].教育与职业,2009(21):189-190.

[17] 王丽. 基于学生体质健康发展的学校体育课程开发的研究[D]. 首都体育学院, 2010.

[18] 于建广.《体育与健康》课程教学内容开发与相关因素关系的研究[D]. 河南师范大学, 2012.

[19] 雷金火. 基于健康教育下的高校体育教学内容改革[J]. 滁州学院学报, 2006（05）: 121-123.

[20] 张承天. 浅析体育课程教学内容的发展趋势及对策[J]. 科技创业月刊, 2011, 24（17）: 107-108.

[21] 袁冲, 张伟. 体育教学内容的拓展与开发[J]. 中国学校体育, 2008（01）: 57-58.

[22] 刘国中. 体育教师自主选择教学内容五要求[J]. 体育师友, 2018, 41（04）: 14-15.

[23] 刘亮, 李坚. 基于大学生体质提升的"俱乐部课制"体育教学模式研究[J]. 科教文汇（下旬刊）, 2020（11）: 127-128.

[24] 苏剑锋, 王成科. "课内外一体化"教学模式发展成效与前景展望[J]. 当代体育科技, 2020, 10（28）: 167-169+172.

[25] 王纯. 重塑高校体育教学模式对学生健康发展的影响[J]. 当代体育科技, 2020, 10（08）: 106-108.

[26] 龚红. 高校体育教学模式现状及发展趋势展望[J]. 田径, 2018（02）: 4-5.

[27] 吴烦. 武汉市中小学体育教学模式的选用现状及发展对策研究[D]. 湖北大学, 2016.

[28] 葛冰. 体育教学模式的整体优化研究[D]. 东北师范大学, 2007.

[29] 周新. 篮球网络教学模式的实验研究[D]. 郑州大学, 2011.

[30] 邵伟德. 体育教学模式论[M]. 北京: 北京体育大学出版社, 2005.

[31] 韩晓燕, 王群龙, 魏文. 关于田径类课程内容构建的思考[J]. 教育与职业, 2013（09）: 125-127.

[32] 刘如泉. 中职学校田径教学方法的设计[J]. 知识窗（教师版）, 2010（05）: 20-21.

[33] 郑文超. 浅谈体育教学中健美操的教学方法[J]. 中华辞赋, 2019（01）: 230-231.

[34] 孔红新. 构建健美操课程内容新体系的思考[J]. 常州工学院学报, 2017, 30（02）: 90-92+96.

[35] 董建平. 对球类课程教材教法的探讨[J]. 北京体育大学学报,

2006（02）：229-230.

[36] 郭雪晴. 石家庄市高校瑜伽课程体系研究[D]. 吉林体育学院，2017.

[37] 唐云霞，和贵春，张予云. 高校健身瑜伽课程教学方法分析[J]. 当代体育科技，2020，10（11）：50-51.

[38] 李启迪，邵伟德. 体育教学基本理论研究[M]. 北京：北京师范大学出版社，2014.

[39] 邓星华，谭华. 新编体育教学论[M]. 上海：华东师范大学出版社，2008.

[40] 彭三鹰. 教育创新与体育教学目标的优化研究[J]. 体育科技文献通报，2012（10）.

[41] 杨正亚. 简析高中体育教学目标的设计与发展[J]. 青少年体育，2013（05）：103-104.

[42] 郝牡清，毛丽儿. 从社会学角度分析体育教学目标的发展趋势[J]. 运动，2011（05）：100-101+91.

[43] 洪爱华. 学生健康成长当成为体育教学的目标追求[J]. 吉林教育，2016（29）：36.

[44] 郑曹杰. 以增强体质健康为目标探索初中体育教学[J]. 田径，2020（02）：69-70.

[45] 孙东山. 以促进学生体质健康为目标的高职院校体育教学改革研究[J]. 当代旅游（高尔夫旅行），2018（01）：148.

[46] 贾天武. 正确发挥体育教学评价全面促进学生健康发展[J]. 课程教育研究，2018（07）：207-208.

[47] 王旭芳. 改进体育教学评价，促进学生健康发展[J]. 文理导航（中旬），2012（06）：34.

[48] 樊冬菊. 西安市高中体育教学评价的问题与对策研究[D]. 西安外国语大学，2018.

[49] 汪英."健康第一"指导思想下体育教学评价体系及发展趋势研究[J]. 湖北体育科技，2007（01）：116-117+120.

[50] 黄丽秋. 终身体育思想的形成及教学引领研究[D]. 湖南师范大学，2014.

[51] 宫美凤，张立臣. 创建"体能锻炼走廊"获得明显效果[J]. 中国高等教育，1996（09）：48.

[52] 姚蕾. 体育隐蔽课程的基本理论与实践[M]. 北京：人民体育出版社，2002.